*Vida*Eterna

¿Realmente puedes estar seguro de que la tienes?

R. LARRY MOYER

Este libro está dedicado a todos aquellos que quieren saber sin sombra de duda que su eternidad la pasarán en la presencia del Rey de Reyes.

CONTENIDO

EL FUNDAMENTO DE NUESTRA SALVACIÓN

CONCEPTOS ERRÓNEOS Y NO BÍBLICOS

ENTENDIENDO PÁRRAFOS DIFÍCILES

DISTINCIONES BÍBLICAS

CONSIDERACIONES FINALES

INTRODUCCIÓN

INTRODUCCIÓN

Muchas personas experimentan la lucha más difícil y terrible que jamás hayan tenido. Luchan por saber con certeza que van a ir al cielo. Cuando esa lucha está en su peor momento, hay quienes han sido tan francos como para llamarla "infierno en la tierra".

Algunos quieren estar seguros de que son lo que la Biblia llama "salvos", pero no están seguros de cómo estar seguros. Han oído todo tipo de "evangelios" y están confundidos acerca de cuál es el correcto.

Otros afirmarían ser creyentes, pero no están seguros de si son verdaderamente salvos. Un día están convencidos de que vivirán para siempre con Jesucristo, al día siguiente no están tan seguros. Oyen de un accidente automovilístico fatal y se preguntan: "¿Dónde estaría yo si me pasara algo?" Aunque hayan pasado por actos como repetir la "oración del pecador" o responder a un llamado al altar en una iglesia, la duda todavía persiste. El péndulo en su mente oscila constantemente entre "Él me ama" y "Él no me ama".

Muchas veces, la gente se ha sentado frente a mí con lágrimas corriendo por sus mejillas mientras me hablaban de su incertidumbre acerca de su salvación. Para algunos, ha sido una lucha de toda la vida.

Mi querida esposa, Tammy, fue una de ellas, ¡y aquí estaba casándose con un evangelista! ¿Por qué me casaría con alguien que no estaba seguro de su salvación? Si ella no fuera una creyente, ¿cómo podría casarme con ella cuando la Biblia dice explícitamente: "No os unáis en yugo desigual con los incrédulos"? (2 Corintios 6:14).

Dado que para ese momento ya había aconsejado a muchas personas acerca de su salvación, sabía por qué y dónde estaba luchando. Simplemente necesitaba ayudarla a pensar bíblicamente y sabía que sus dudas quedarían atrás. Sinceramente, no tomó mucho tiempo. Poco tiempo después de nuestro matrimonio, ella se volvió tan segura del cielo como si ya estuviera allí. Ahora, nunca tiene una pregunta acerca de dónde estará cuando muera. Y estar segura de su salvación ha aumentado su deseo de decirles a otros cómo pueden estar seguros de la suya.

Este libro está escrito para aquellos que quieren dejar para siempre atrás la pregunta de dónde pasarán su eternidad, y esperar ver a Jesucristo cara a cara. Puede que seas alguien que nunca haya resuelto este asunto pero que quiera hacerlo. O puede que seas alguien que "cree" que lo ha resuelto, pero no estás seguro.

Una vez que comprendas por qué bíblicamente tu salvación está garantizada, podrás gritar y cantar con otros miles: "Seguro en los brazos de Jesús". También podrás llegar a otros con la Buena Nueva. Con tu salvación resuelta en tu mente, querrás que la salvación de ellos también sea resuelta en la suya.

¡Antes de leer este libro, hazte esta pregunta!

Este libro te ayudará a entender mucho más, y sin ninguna duda, que al confiar en Cristo estarás con el Salvador por siempre. Pero antes de leerlo, hazte esta pregunta: ¿Me he perdido el mensaje más importante de la Biblia?

Ese mensaje expresa cuatro verdades.

Uno
Todos somos pecadores.

La palabra comúnmente traducida en la Biblia como pecado, significa "errar el blanco". Dios tiene un estándar. Su estándar es la perfección. Necesitamos ser tan santos como Él es santo, tan perfectos como Él es perfecto. Pero incluso, si hemos dicho sola una mentira, hemos tenido solo un mal pensamiento, o hemos hecho sola una acción incorrecta, no hemos cumplido con ese estándar. La Biblia dice: "Por cuanto todos pecaron y están destituidos de la gloria de Dios"(Romanos 3:23).

Dos
La paga por el pecado es la muerte.

Un Dios santo no puede excusar el pecado. Más bien, tiene que castigarlo. Ese castigo es la separación eterna de Dios y el ser humano en lo que la Biblia llama infierno. Romanos 6:23 dice: "La paga del pecado es muerte".

Tres
Cristo murió por nuestros pecados y resucitó.

Jesucristo como el Hijo perfecto de Dios vino al mundo y tomó tu pecado y el mío, los colocó sobre sí mismo y murió en nuestro lugar. Siendo nuestro sustituto, lo castigaron cuando deberían habernos castigado a nosotros. Romanos 5:8 dice: "Pero Dios muestra su amor para con nosotros, en que siendo aún pecadores, Cristo murió por nosotros". Al tercer día resucitó como prueba de que Dios aceptó lo que su Hijo hizo en nuestro lugar y por medio de su resurrección venció al pecado y al sepulcro.

Cuatro
Debemos confiar solo en Cristo para salvarnos.

Dios ahora puede perdonarnos en lugar de castigarnos, y darnos completamente gratis el don de la vida eterna. Recibimos ese regalo gratuito simplemente poniendo nuestra confianza solo en Cristo para salvarnos. Dice en Efesios 2:8-9: "Porque por gracia sois salvos por medio de la fe; y esto no de vosotros, pues es don de Dios; no por obras, para que nadie se gloríe".

Si no estás seguro de haber recibido ese regalo, puedes decirle a Dios en oración algo como: "Querido Dios, sé que soy un pecador. Mi pecado merece ser castigado. Creo que Jesucristo tomó el castigo por mi pecado y resucitó. En este momento, pongo mi confianza solo en Cristo para salvarme. Gracias por el perdón y el regalo gratuito de la vida eterna que acabo de recibir. En el nombre de Jesús, amén".

¡Bienvenido a la familia de Dios! Este libro ahora te motivará a conocer más sobre lo que has hecho, sobre la seguridad de que ahora puedes tener vida eterna y que eres de Él por los siglos de los siglos.

CAPÍTULO UNO

Entonces, ¿por qué hay tantas personas con incertidumbre?

Antes de discutir cómo y por qué uno puede estar tan seguro del cielo como si ya estuviera allí, es útil preguntarse: "¿Pero por qué tanta gente no está segura?".

Hay varias razones

1

Algunos no han captado completamente el mensaje del evangelio y lo que la Biblia quiere decir con "creer". A menos que estos dos conceptos sean entendidos, nunca tendremos la seguridad de la salvación que Dios quiere que tengamos. Si no entiende nada más de las Escrituras, para estar seguro de la salvación, por lo menos debe entender el mensaje más importante de la Biblia que se conoce como las "Buenas Nuevas" y luego la respuesta que Dios desea de nosotros cuando usa la palabra "creer". Junto con eso, debemos examinar la confusión que rodea a la palabra "arrepentimiento". Una clara comprensión de las verdades bíblicas alrededor de estos temas le permite a uno entender claramente lo que debe hacer para ser salvo.

2

Con demasiada frecuencia, incluso después de responder al llamado de salvación de Cristo, nos miramos a nosotros mismos y a las promesas que le hemos hecho a Dios para sentirnos seguros de nuestra salvación. Pensamos en las tentaciones a las que prometimos decir "no", las formas en que estábamos decididos a cambiar nuestro comportamiento y los nuevos hábitos que queríamos formar. El fracaso en cualquiera de esas áreas se lleva la seguridad de nuestra salvación. Satanás, nuestro enemigo, se deleita en hacernos pensar en esa dirección.

En cambio, debemos hacer lo que dicen las Escrituras: buscar la base de nuestra seguridad eterna que está fundamentada en la deidad de Cristo y las promesas que Dios nos ha hecho. Cuanto más uno entienda cómo estos dos elementos nos hacen eternamente seguros en Cristo, más emocionado se puede estar de que somos suyos para siempre. La certeza de la salvación se encuentra cuando lo miramos a Él y sus promesas, no a nosotros mismos y nuestras promesas a Él.

3

Otros han sido víctimas de enseñanzas equivocadas. Se han compartido ideas como si fueran bíblicas cuando, de hecho, no lo son. Algunos pensamientos o ideas se han transmitido de una generación a otra y se basan en la tradición más que en la Palabra de Dios. Estos deben ser examinados cuidadosamente para que sepamos que estamos dirigidos por las Escrituras y no por la tradición.

4

Algunos también han sufrido por una mala interpretación de párrafos específicos de las Escrituras. Debemos mirarlos en su contexto. Lo que Dios realmente está diciendo, versus lo que una persona entendió que dijo, pueden ser dos cosas diferentes.

5

Hay quienes dudan de que sean salvos porque no siempre se "sienten salvos". Deben entender que la salvación se basa en hechos, no en sentimientos.

6

Otra razón es la falta de comprensión de dos distinciones bíblicas importantes: la distinción entre entrar en la vida cristiana y vivir la vida cristiana. Hay una diferencia entre la salvación y el discipulado. Si bien tienen una relación entre sí, también son conceptos distintos. Cuanto más claro esté uno sobre estas distinciones, más convencido estará de su salvación. También se encontrará más motivado para vivir una vida comprometida con seguir a Cristo.

Ningún libro sobre la certeza de nuestra salvación estaría completo sin abordar el tema de que, si nuestra salvación está garantizada, ¿por qué "entregarnos" a Cristo? ¿Qué más hay? Cuanto más comprendamos la respuesta a esa pregunta, más emocionados estaremos de edificar sobre la seguridad que tenemos en Cristo. Entonces, podremos estar igualmente emocionados de convertir cada parte de nuestra vida en la persona que Dios quiere que seamos mientras esperamos el momento en que lo veremos cara a cara.

Lo que Dios realmente está diciendo, versus lo que una persona entendió que dijo, pueden ser dos cosas diferentes.

Entonces, examinemos cada uno de estos temas. Una vez le preguntaron a una persona que entendió estos temas desde una perspectiva bíblica: "Cuando veas al Señor, ¿qué crees que es lo primero que te preguntará?". El hombre respondió: "Oh, no creo que Él me pregunte nada. Creo que simplemente me mirará y dirá: '¡Él es mío!'".

Cuanto más comprendamos nuestra seguridad eterna y tengamos la certeza de ello al confiar en Cristo, más podremos esperar con entusiasmo el día en que lo veremos cara a cara sabiendo que, incluso ahora, Él se regocija en el hecho de que, "Tú eres mío".

●　●　●

PREGUNTAS PARA REFLEXIONAR

1. Cuando piensas en los momentos en los que has luchado con la certeza de tu salvación, ¿cuál de las razones dadas sería la más apropiada para tu situación?

2. Cuando piensas en otros que han luchado con la certeza de su salvación, ¿cuál de las razones dadas podría ser la más apropiada para su situación?

CAPÍTULO DOS

Una aclaración importante

Para comenzar, debemos hacer una aclaración importante.

Las palabras "seguridad eterna" y "certeza" a menudo se usan indistintamente. Es fácil entender por qué, pero esto puede ser confuso. Por ejemplo, algunos dicen: "Simplemente no entiendo cómo puedes estar seguro de que una vez que hayas venido a Cristo, nunca perderás tu salvación. 'Una vez salvo, siempre salvo suena demasiado bueno para ser verdad".

Luego otros dicen: "Creo en la seguridad eterna, pero no tengo la certeza de mi salvación". Lo que están diciendo es: "Creo que si soy genuinamente salvo, soy suyo para siempre. Él nunca me repudiará. Simplemente no sé con certeza si soy salvo".

Entonces, por "seguridad eterna" se están refiriendo a la enseñanza bíblica de que ser suyo es ser suyo para siempre. No podemos perder nuestra salvación. Con el término "certeza" se están refiriendo a su confianza personal de que han hecho lo que tenían que hacer para ser salvos: que fueron sinceros, que entendieron completamente el plan de salvación, que hay suficiente evidencia en su vida de que son salvos, y una gran cantidad de otros elementos.

Lo que muchos no se dan cuenta es de cómo la seguridad eterna y la certeza de nuestra salvación están interconectadas. La razón por la que muchos carecen de certeza es porque no han captado la seguridad que tenemos en Cristo. Cuanto más entienda uno la base de la seguridad eterna en relación con el mensaje y nuestra respuesta a él, la enseñanza de las Escrituras con respecto a la salvación y la necesidad de manejar las Escrituras en el contexto adecuado, tendrá más certeza. Lo que Dios realmente está diciendo, versus lo que una persona entendió que dijo, pueden ser dos cosas diferentes.

Como se explicará, la Biblia no desconecta los dos conceptos.

Lo que muchos no se dan cuenta es de cómo la seguridad eterna y la certeza de nuestra salvación están interconectadas.

Cuanto más entendemos la enseñanza de las Escrituras con respecto a nuestra salvación eterna, más nos damos cuenta de que hay una cosa de la que nunca debemos dudar. Es decir, si hemos recibido la oferta misericordiosa y generosa de Dios, entonces somos eternamente suyos. Hay algunas cosas en la vida de las que no podemos estar absolutamente seguros. Nuestra relación con Él no necesita ser una de esas.

Se podría agregar una cosa: algunas personas dudan de su salvación porque dudan de todo. Dudan de que su pareja los ame, dudan de que sus hijos los respeten, dudan de si su empleador los conservará, dudan de si tienen la habilidad que otros creen que tienen. No solo dudan de su salvación, dudan de cualquier cosa y de todo. Es posible que este libro no ayude a esa persona porque el problema es mucho más profundo que el alcance de este libro. Yo le recordaría a esa persona que puede tener motivos para dudar de cualquier cosa que alguien diga, pero no hay razón para dudar de lo que

Dios dice. Dios nunca dice algo por accidente y siempre cumple sus promesas.

Conclusión

En pocas palabras, cuanto más comprendamos el "por qué" de nuestra seguridad eterna y las promesas de Dios relacionadas con ella, más emocionados estaremos. Estamos seguros de nuestra salvación porque Él nos ha asegurado: "¡Eres mío, para siempre!" Certeza y seguridad eterna: dos ideas que se apoyan mutuamente.

Certeza y seguridad eterna: dos ideas que se apoyan mutuamente.

* * *

PREGUNTAS PARA REFLEXIONAR

1. ¿Cómo explicarías la distinción entre la seguridad eterna y la certeza de la salvación?

2. Cómo debería impactar personalmente a cada creyente la interconexión entre la certeza y la seguridad eterna?

CAPÍTULO TRES

¿Por qué es tan esencial la seguridad de nuestra salvación?

Hay muchas áreas de la vida donde la incertidumbre no es un problema importante. Pero el asunto de nuestra salvación eterna y nuestra certeza de ella no es uno de ellas. Ningún tema necesita más certeza que el de dónde pasaremos la eternidad: con Dios o para siempre separados de Él.

Se podrían dar numerosas razones para ello. Pero la razón principal se puede resumir en una oración: Nadie tiene asegurado el mañana. De hecho, sería mejor decir que no hay una sola persona en la tierra a la que se le prometa el próximo momento. Casi todos los que pasan de esta vida a la siguiente, pensaron que tenían al menos otro año, mes, semana, día o momento de vida. Es por eso, que hacia dónde vamos cuando morimos, no puede ser algo sobre lo que tengamos una pizca de inseguridad.

De hecho, sería mejor decir que no hay una sola persona en la tierra a la que se le prometa el próximo momento.

A los empresarios de la época de Santiago les encantaba alardear sobre adónde iban, cuándo se irían, cuánto tiempo estarían allí, qué harían y cuánto se beneficiarían económicamente. Santiago les dio una severa advertencia: "Vamos ahora, los que decís: Hoy y mañana iremos a tal o cual ciudad, y estaremos allá un año, y traficaremos, y ganaremos; cuando no sabéis lo que sucederá mañana. Porque ¿qué es vuestra vida? Ciertamente es neblina que se aparece por un poco de tiempo, y luego se desvanece. En lugar de lo cual deberíais decir: Si el Señor quiere, viviremos y haremos esto o aquello". (Santiago 4:13-15). La vida puede terminar repentinamente.

Además de eso, el tiempo aquí en la tierra es bastante corto, sesenta, setenta, ochenta, tal vez cien años. El tiempo al otro lado de la tumba es terriblemente largo. Se llama eternidad. Seríamos tontos si no estuviéramos seguros de dónde pasaremos esa eternidad, especialmente, cuando no hay una segunda oportunidad. Como nos dice Hebreos 9:27: "Y de la manera que está establecido para los hombres que mueran una sola vez, y después de esto el juicio". La vida eterna la pasaremos en la presencia de Dios o separados de Él.

El conocimiento absoluto de dónde se pasará esa eternidad es necesario ahora. No debemos osar a considerar el tema de dónde pasaremos nuestra eternidad como un juego de adivinanzas o algo sobre lo que uno simplemente es optimista. Es el único problema que nunca debe descartarse para ser tratado posteriormente.

No debemos osar a considerar el tema de dónde pasaremos nuestra eternidad como un juego de adivinanzas o algo sobre lo que uno simplemente es optimista.

Conclusión

No sabemos cuándo terminará nuestra vida y comenzará nuestra eternidad con Dios o lejos de Él. La vida es incierta. Entonces, la certeza que tengamos de nuestra salvación es más importante que cualquier otra cosa. ¡Debemos saber adónde vamos cuando morimos y saberlo ahora!

* * *

PREGUNTAS PARA REFLEXIONAR

1. En pocas palabras, ¿por qué la certeza de tu salvación es esencial?

2. ¿Cómo impacta la advertencia dada en Santiago 4:13-15 la necesidad de que tengas certeza de tu salvación?

EL FUNDAMENTO DE NUESTRA SALVACIÓN

CAPÍTULO CUATRO

¿Qué son las Buenas Noticias?

Muchos ignoran que la garantía de nuestra salvación se encuentra en el corazón del mensaje que lleva a las personas a Cristo, el evangelio, las Buenas Nuevas. Veamos primero qué es el evangelio y luego cómo es fundamental para nuestra certeza de salvación.

La Biblia no es simplemente el evangelio. La Biblia es mucho más que el evangelio: cómo criar a su familia, cómo honrar a Dios con su dinero, cómo amar a su prójimo o a su enemigo (¡a veces son las mismas personas!), eventos del tiempo del fin, política y gobierno de la iglesia, creación y acontecimientos históricos, y párrafos relacionados con el gozo, el dolor, las pruebas, las penalidades, la paciencia, la oración, la vida dentro y fuera de la familia de Dios. La lista de temas que cubre la Biblia es extremadamente larga. Después de todo, la Biblia es un total de 66 libros.

La Biblia no es el evangelio. En cambio, la Biblia contiene el evangelio. El evangelio se puede definir en pocas palabras como se ve en 1 Corintios 15: 3-5. Allí se nos dice: "Porque primeramente os he enseñado lo que asimismo recibí: Que Cristo murió por nuestros pecados, conforme a las Escrituras; y que fue sepultado, y que resucitó al tercer día, conforme a las Escrituras; y que apareció a Cefas, y después a los doce". Tenga en cuenta que hay cuatro verbos que circundan el evangelio.

Cristo **murió** por nuestros pecados. "Por" significa "en lugar de" o "en nombre de". Murió en nuestro lugar. Si Él no hubiera muerto, nosotros lo habríamos hecho. Él fue nuestro sustituto. Lo crucificaron donde deberían habernos crucificado a nosotros. Los clavos que deberían haber atravesado nuestras manos y pies atravesaron los suyos. "Conforme a las Escrituras" significa que su muerte fue el cumplimiento de lo que el profeta Isaías predijo setecientos años antes. Isaías 53:5-6: "Mas él herido fue por nuestras rebeliones, molido por nuestros pecados; el castigo de nuestra paz fue sobre él, y por su llaga fuimos nosotros curados. Todos nosotros nos descarriamos como ovejas, cada cual se apartó por su camino; mas Jehová cargó en él el pecado de todos nosotros".

Él fue **enterrado**. Esa es la prueba de que Él murió. Hubo quienes presenciaron ese entierro.

Él **resucitó** al tercer día. La palabra "resucitó" contiene la idea de que Él resucitó y sigue vivo. Nunca se producirá un periódico en Jerusalén que diga que el cuerpo de Cristo acaba de ser descubierto. "Conforme a las Escrituras" es, otra vez, un cumplimiento de lo que se profetizó en el Antiguo Testamento. El Salmo 16:10 nos dice: "Porque no dejarás mi alma en el Seol, ni permitirás que tu santo vea corrupción". Dios no se sorprendió por la crucifixión, y tampoco se sorprendió por la resurrección.

Él fue **visto**. Así como su sepultura es prueba de que murió, el hecho de que fue visto es prueba de que resucitó. El mayor testimonio que uno puede tener en la corte es un testigo presencial. Las Escrituras nos dan la bienvenida a la sala del tribunal y dan una lista de los que lo vieron. Estos no fueron los que simplemente escucharon acerca del Cristo resucitado, estos fueron los que vieron al Cristo resucitado.

Entonces, el evangelio puede estar contenido en diez palabras. Cristo murió por nuestros pecados y resucitó de los muertos. Su sepultura es prueba de que murió y el hecho de que fue visto es prueba de que resucitó. Pero mientras que la Biblia tiene sesenta y seis libros, el evangelio tiene diez palabras: Cristo murió por nuestros pecados y resucitó de los muertos.

Entonces, ¿cómo afecta eso a nuestra seguridad y garantía?

Las ramificaciones de esto son cuádruples.

Primero, no fue cualquiera el que murió en la cruz. Eso no habría logrado nada. Un pecador no puede pagar por los pecados de otro. Todos tenemos nuestros propios pecados por los cuales tenemos que pagar. En cambio, tenía que ser alguien completamente sin pecado que pudiera tomar el lugar de alguien que había pecado.

El único que cumplió con ese requisito de ser absolutamente perfecto fue Jesucristo, el Hijo de Dios. El Hijo perfecto de Dios murió en nuestro lugar. Eso es lo que hizo expiación por nuestros pecados. Juan el Bautista declaró al verlo: "He aquí el Cordero de Dios que quita el pecado del mundo" (Juan 1:29). Aunque morir en una cruz fue una muerte difícil para Él, lo hizo voluntariamente en nuestro lugar. Él mismo declaró: "Por eso me ama el Padre, porque yo pongo mi vida, para volverla a tomar. Nadie me la quita, sino que yo de mí mismo la pongo. Tengo poder para ponerla, y tengo poder para volverla a tomar. Este mandamiento recibí de mi Padre" (Juan 10:17-18).

Pero mientras que la Biblia tiene sesenta y seis libros, el evangelio tiene diez palabras: Cristo murió por nuestros pecados y resucitó de los muertos.

Por lo tanto, nuestra salvación y la seguridad de ella no tiene absolutamente nada que ver con lo que hemos hecho por Él. Tiene que ver con lo que Él, como nuestro sustituto perfecto, ha hecho por nosotros.

En segundo lugar, nuestra seguridad y garantía se basan en algo que ha sucedido, no en algo que podría suceder. Se basa en hechos históricos, no en teorías. La resurrección es uno de los hechos más atestiguados, si no el más, de la historia. El Dr. Haddon Robinson en un documento de "Focal Point" para la Sociedad Médica Cristiana, entre otros citó a Thomas Arnold (director de la Escuela Rugby durante mucho tiempo, autor de una historia de Roma en tres volúmenes, y designado para la Cátedra de Historia Moderna en la Universidad de Oxford) diciendo: "Durante muchos años he sido utilizado para estudiar las historias de otros tiempos, y para examinar y sopesar la evidencia de aquellos que han escrito sobre ellos, y no conozco ningún hecho en la historia de la humanidad que sea probado por evidencia mejor y más completa de todo tipo, al entendimiento de un investigador justo, que el hecho de que Cristo murió y resucitó de entre los muertos".

Habiendo resucitado Él mismo de la tumba, Cristo tenía todo el derecho de declarar: "Porque yo vivo, vosotros también viviréis" (Juan 14:19).

Entonces, nuestra salvación se basa en un hecho objetivo probado, no en una experiencia subjetiva; en lo pasado y hecho, no en lo futuro y sin realizar.

En tercer lugar, cuando Cristo murió en la cruz como nuestro sustituto, anunció: "Consumado es" (Juan 19:30.) La palabra griega que se traduce como "consumado" es *tetélestai*. Significa pagado en su totalidad. Aquellos que pagaban sus impuestos en tiempos del Nuevo Testamento recibían un recibo con la palabra *tetélestai* estampada en él. No quedaba nada por pagar. La deuda había sido pagada en su totalidad. Del mismo modo con nuestro pecado, no queda nada que pagar. Simplemente tenemos que aceptar su pago. En la cruz, Cristo no hizo el pago inicial; hizo el pago completo. No hay nada que podamos hacer para agregar a lo que Él ya ha hecho. La ira de Dios contra nuestro pecado fue satisfecha para siempre. Es por eso que resucitó al tercer día, para probar que Dios estaba satisfecho con el pago de su Hijo por nuestro pecado.

En la cruz, Cristo no hizo el pago inicial; hizo el pago completo.

Dios estaba completamente satisfecho con lo que su Hijo hizo en nuestro lugar. Nada de lo tú has hecho, puedas hacer, harás o prometas hacer puede pagar lo que ya está pagado.

Finalmente, Él murió por todos, ¡sin excepciones! 1 Juan 2:2 nos dice: "Y él mismo es la propiciación por nuestros pecados; y no solamente por los nuestros, sino también por los de todo el mundo". 2 Corintios 5:15 comienza: "Y por todos murió …". Ningún pecador está excluido, independientemente de su origen, comportamiento, color de piel, idioma o nacionalidad. Su amor es incondicional. Él fue el sustituto de cualquiera en cualquier lugar, de todos en todas partes.

Eso mismo le da sentido a nuestra seguridad eterna y la certeza de ello. Él nos ama sin importar quiénes somos y lo que hemos hecho. Una vez que Él nos salva, no nos echará atrás en base a cómo nos desempeñemos. Eso sería todo menos amor incondicional.

Hablé con un padre que no creía en la seguridad eterna del creyente. Le hice una pregunta simple: "¿Qué tendría que hacer una de tus tres hijas para que ya no las ames?". Él respondió: "¡Nada! Siempre las amaré sin importar lo que hagan". Entonces dije: "Pero supongamos que una de ellas niega que eres su padre. ¿Eso la convertiría en alguien que no es tu hija? Él respondió: "De ninguna manera. Ella seguiría siendo mi hija". Entonces le expliqué: "Lo que acabas de decirme es que tú sabes más sobre el amor que Dios. No la repudiarías en base a su comportamiento, pero aún así estás convencido de que Cristo nos rechazaría si no actuamos correctamente como sus hijos o si nos alejamos de la comunión debido a una experiencia tan amarga que incluso negamos que lo conocemos". Él vio lo equivocado de su pensamiento y le creyó a Dios en su Palabra: ser suyo es ser suyo para siempre.

La seguridad que tenemos en Cristo está ligada al amor incondicional de Aquel que murió por nosotros. El amor incondicional nunca deja de ser incondicional. Él nos ama incondicionalmente antes de que seamos salvos, y nos ama incondicionalmente después de que somos salvos.

¿Qué significa todo esto?

Somos aceptados por Dios no en base a nuestro desempeño, sino en base al suyo. No tiene nada que ver con nosotros; tiene todo que ver con Él y su amor incondicional. Al aceptarnos, Dios no mira hacia adelante para ver cómo nos va a ir; mira hacia atrás a lo que su Hijo ya ha hecho. No somos salvos sobre la base de nuestro desempeño, sino sobre la base del desempeño del Hijo de Dios. Una vez que hemos venido a Cristo, nuestro buen o mal desempeño no pueden cambiar nada. Somos aceptados por Dios en base a la perfección de su Hijo, un hecho que no puede ser alterado por nuestra imperfección.

Somos aceptados por Dios en base a la perfección de su Hijo, un hecho que no puede ser alterado por nuestra imperfección.

Por lo tanto, la seguridad que podemos tener de que una vez que venimos a Él somos suyos, está intrínsecamente ligada al mensaje mismo. Ese mensaje no tiene nada que ver con nosotros, tiene todo que ver con Él. Cristo murió por nuestros pecados y resucitó de los muertos. Yo tenía una deuda que no podía pagar. Él pagó en su totalidad una deuda que no debía.

Cuando nos falta seguridad, a menudo se debe a que nuestro enfoque se ha ido al lugar equivocado, a lo que es futuro y a lo no hecho e incierto, en lugar de enfocarse en lo que es pasado, está hecho y es seguro.

Conclusión

Al pensar en nuestra salvación, todos los pensamientos deben dirigirse a Él y lo que Él ha hecho, no a nosotros mismos y lo que hemos hecho o planeamos hacer. Nuestra salvación se basa en algo pasado, final, documentado y completo. Es imposible enfatizar suficientemente que la seguridad de nuestra salvación y nuestra certeza de que somos suyos no tiene nada que ver con nosotros; tiene todo que ver con Él. Se basa en la verdad objetiva, no en la experiencia subjetiva.

● ● ●

PREGUNTAS PARA REFLEXIONAR

1. ¿Cuáles son las diez palabras que definen el evangelio?

2. ¿Cómo impacta la muerte del Hijo de Dios la certeza de nuestra salvación en el presente, siendo esta un hecho objetivo ocurrido en el pasado?

3. ¿Cómo demuestra la muerte del Hijo de Dios en una cruz el amor incondicional de Dios? ¿Qué influencia debería tener eso en nuestra vida ahora?

4. ¿Cómo impacta el desempeño de Cristo en la cruz en la certeza de nuestra salvación en comparación con nuestra actitud?

5. ¿A dónde debe ir nuestra mente y pensamientos si en algún momento luchamos con nuestra salvación?

CAPÍTULO CINCO

¿Qué quiere decir la Biblia con "creer"?

La comprensión del evangelio no solo es fundamental para nuestra seguridad y certeza, también lo es la comprensión de lo que la Biblia quiere decir con "creer", un tema al que a menudo se hace referencia como fe salvadora. Debido a que muchos están confundidos con lo que significa la palabra "creer", no están seguros de haber hecho lo correcto al apropiarse del regalo gratuito de la vida eterna.

El único libro de la Biblia escrito específicamente para explicar cómo obtenemos la vida eterna es el Evangelio de Juan. Sabemos que ese era el propósito de Juan porque se nos dice: "Pero éstas se han escrito para que creáis que Jesús es el Cristo, el Hijo de Dios, y para que creyendo, tengáis vida en su nombre" (Juan 20:31). Juan usa la palabra "creer" noventa y ocho veces en este libro, a veces hasta tres veces en un versículo, como en Juan 3:18. "El que en Él cree, no es condenado; pero el que no cree, ya ha sido condenado, porque no ha creído en el nombre del unigénito Hijo de Dios".

La palabra griega usada para ¨creer¨ en el evangelio de Juan, es *pisteuo*. Proviene de la palabra griega *pistis* que significa fe. Quiere decir considerar algo tan cierto que es digno de nuestra confianza.

En contraste con lo que significa la palabra bíblica "creer", el uso moderno de la palabra puede significar nada más que una posibilidad. Una persona dice: "Creo que va a llover hoy". Ella quiere decir: "Creo que hay una gran posibilidad de que vaya a llover".

Esa idea de "posibilidad" no es lo que la Biblia quiere decir con "creer". "Creer", en la Biblia, se basa en la verdad de la muerte y resurrección de Cristo. Es por eso que la palabra que mejor comunica lo que la Biblia quiere decir con creer es la palabra "confiar". Venimos a Dios como pecadores, entendemos que Jesucristo murió en nuestro lugar por nuestros pecados y resucitó al tercer día, aceptamos eso como verdad y confiamos solo en Él para salvarnos. La actitud de nuestro corazón es: "Si Él no puede llevarme al cielo, me voy al infierno. Él es todo lo que tengo. Creo que Él y solo Él es mi única esperanza de vida eterna". Estamos convencidos de la verdad de Hechos 4:12: "Y en ningún otro hay salvación; porque no hay otro nombre bajo el cielo, dado a los hombres, en que podamos ser salvos".

Por lo tanto, la idea detrás de la palabra "creer", tal como se usa en un contexto evangelístico, es "estén satisfechos con lo que satisface a Dios". 1 Juan 2:2 explica: "Y él mismo es la propiciación por nuestros pecados, y no solamente por los nuestros, sino también por los de todo el mundo". Propiciación significa satisfacción. Dios estuvo satisfecho con lo que su Hijo hizo en la cruz cuando nuestros pecados fueron "pagados en su totalidad". Dios ahora nos pide que creamos, que estemos satisfechos con lo que satisfizo a Dios.

Por lo tanto, la idea detrás de la palabra "creer" tal como se usa en un contexto evangelístico es "estén satisfechos con lo que satisface a Dios".

En el momento en que quitamos nuestra confianza de lo que sea nuestro significado de vida eterna (como las buenas obras que hemos hecho, las veces que hemos ido a la iglesia, el bautismo que experimentamos o los sacramentos que hemos tomado) y la ponemos en Cristo para salvarnos, nos hemos apropiado de su don gratuito de la vida eterna. Hemos hecho lo que la Biblia llama "creer". Estamos de acuerdo con Dios acerca de quién es su Hijo y qué hizo por nosotros cuando murió como nuestro sustituto. Estamos satisfechos con lo que satisface a Dios.

Por eso, si uno *acepta como verdadero* quién es Cristo y lo que hizo por nosotros, *desea* salvarse y *sabe* cómo hacerlo, es imposible no ser salvo. Tal persona ciertamente está satisfecha con lo que satisface a Dios. Ha confiado en Cristo. No nos atrevamos a hacerlo más difícil de lo que es.

No es Cristo y algo más, sino Cristo y nada más.

Estar satisfecho con lo que satisface a Dios significa que nuestra confianza está solo en Cristo para salvarnos. No es Cristo más nuestra asistencia a la iglesia, Cristo más nuestro bautismo, Cristo más nuestra buena vida, o Cristo más los sacramentos que hemos tomado. Somos salvos a través de Cristo y punto, no a través de Cristo y algo más. En la cruz Él no hizo el pago inicial por nuestro pecado, hizo el pago completo. Dios no estaba satisfecho con lo que su Hijo hizo junto con lo que nosotros hacemos. Él estaba satisfecho con la muerte de su Hijo como pago *suficiente* por nuestros pecados.

Confiar en algo más además de Cristo significa que no estamos satisfechos con lo que satisfizo a Dios. No hemos creído realmente y por lo tanto no somos suyos. Él solo estaba satisfecho con una cosa: la muerte de su Hijo por nosotros. Eso y solo eso es lo que pagó por nuestros pecados. Como dice

Hebreos 10:12-14: "Pero Cristo, habiendo ofrecido una vez para siempre un solo sacrificio por los pecados, se ha sentado a la diestra de Dios, de ahí en adelante esperando hasta que sus enemigos sean puestos por estrado de sus pies; porque con una sola ofrenda hizo perfectos para siempre a los santificados".

Por eso se nos dice en Efesios 2:8-9: "Porque por gracia sois salvos por medio de la fe; y esto no de vosotros, pues es don de Dios; no por obras, para que nadie se gloríe". Si la cantidad más pequeña de cualquier cosa que somos o hacemos fue parte de lo que nos llevó al cielo, podríamos jactarnos: "Dios hizo su parte y yo hice la mía". Pero dado que la salvación es únicamente el resultado de la obra de Cristo en la cruz por nosotros, todos los derechos de alardear son de Dios, y solo Él recibe la gloria.

Si la vida eterna se basara en otra cosa que no fuera solo Cristo, tampoco sería gracia. Ningún versículo en la Biblia dice eso más claro que Romanos 11:6: "Y si por gracia, ya no es por obras; de otra manera la gracia ya no es gracia. Y si por obras, ya no es gracia; de lo contrario, la obra ya no es obra". Tampoco sería un regalo. Por el contrario, la vida eterna sería una compensación. Dios no está haciendo un trato ni ofreciendo una compensación. En cambio, Él está extendiendo un regalo a través de su gracia.

Además, si nuestra vida eterna estuviera basada en algo más que solo en Cristo, nunca podríamos saber que vamos al cielo. Él hizo su parte, pero ¿qué pasa si no hacemos la nuestra o simplemente pensamos que la hicimos?

Las personas analíticas a veces son las que más luchan.

He descubierto que las personas analíticas que son extremadamente introspectivas a veces luchan más con su salvación. Su fuerza se convierte en una debilidad. La razón es que analizan e inspeccionan todo, ¡hasta la muerte! Se dicen a sí mismos: "¿Creí lo suficiente? ¿Fui lo suficientemente sincero? ¿Cómo sé que realmente estoy confiando en Él para salvarme?"

A menudo les aconsejo que miren su salvación desde una perspectiva diferente. Los animo a preguntarse: "¿Creo que mis buenas obras me llevarán al cielo? ¿Creo que una persona se salva por ser bautizada? ¿Creo que mi asistencia a la iglesia me llevará al cielo? ¿Creo que necesito algo además de Cristo para ser salvo?" Si la respuesta a ellos es un rotundo "no" y entienden que solo Él salva, están alineados con lo que satisface a Dios.

No tienes que saber la fecha.

Una persona puede no saber cuándo fue ese momento en que cruzó la línea de la fe. En ninguna parte dice la Biblia que si uno no sabe la fecha en que fue salvo, no es salvo. Hubo un segundo específico en el que cruzaste la línea de la fe y cuando veas al Salvador cara a cara, Él podrá decirte cuándo fue eso. Pero si estás satisfecho con lo que satisfizo a Dios, eres salvo sin importar cuándo cruzaste la línea. La razón es que tu confianza está solamente en Cristo para salvarte.

En ninguna parte dice la Biblia que si uno no sabe la fecha en que fue salvo, no es salvo.

Sinceramente creo que hay muchas personas que no cruzaron la línea de la fe cuando pensaban que lo habían hecho. El momento en que realmente entendieron que la muerte de Cristo en la cruz fue un pago suficiente por todo lo malo que han hecho o harán, puede haber sido días, semanas, meses o incluso años antes o después.

Pero independientemente de cuándo y dónde sucedió, su confianza está solo en Cristo para salvarlos, y son suyos para siempre.

Nuevamente, hay un segundo específico en el que cruzamos de la muerte a la vida. Pero en ninguna parte la Escritura dice que tienes que saber cuándo fue ese momento. La seguridad proviene de confiar en una Persona, sin saber en qué momento ocurrió.

Las circunstancias o el entorno no son el problema.

Entender lo que la Biblia quiere decir con "creer" aclara en nuestra mente por qué uno no es salvo diciendo la oración del pecador, pasando adelante en una iglesia o firmando una tarjeta en un programa de evangelización.

En primer lugar, no hay una "oración del pecador" en la Biblia. La oración puede ser un medio por el cual le decimos a Dios que estamos confiando en Cristo para salvarnos, pero somos salvos al confiar en Él, no al decir una determinada oración. Una oración no es lo que satisface a Dios. Una persona que no entendió eso y sintió que decir cierta oración (llamada "la oración del pecador" en algunos círculos) era lo que salvaba, me preguntó: "¿Honrará Dios la oración si la gramática no es correcta?" Tenía muchas dudas sobre su salvación porque su confianza no estaba en Cristo sino en la oración que hizo. Le expliqué el mensaje de salvación, él confió en Cristo y ahora está en el ministerio a tiempo completo.

Incluso cuando tengo el privilegio de llevar a alguien a Cristo, lo animo a orar conmigo mientras le dice a Dios que confía solo en Cristo para ser salvo. He descubierto que decirlo en oración consolida en su propia mente lo que ha hecho. Pero antes de orar, siempre le recuerdo que decir una oración no salva a nadie. Somos salvos en el momento en que confiamos solo en Cristo como nuestro único camino al cielo. En ese momento estamos satisfechos con lo que satisface a Dios. Por esa razón, estoy convencido de que la mayoría de las personas se salvan antes de orar. Ya han quitado su confianza de cualquier otra cosa y confiaron solo en Cristo para salvarlos.

La tradición es lo que a veces causa confusión con nuestra salvación.

Pasar adelante en una iglesia puede ser un medio por el cual manifestamos públicamente que deseamos confiar en Cristo, pero eso no salva. Eso no es lo que satisfizo la ira de Dios contra nuestro pecado.

Firmar una tarjeta también puede ser una manera de expresar que deseamos venir a Cristo. Pero confiar en Él, no firmar una tarjeta, es lo que realmente salva. Como suelo decirle a la gente, no nos salvamos haciendo algo, sino confiando en Alguien.

La tradición es lo que a veces causa confusión con nuestra salvación. Vemos a aquellos que pasaron adelante, levantaron la mano en una actividad evangelística o firmaron una tarjeta. Empezamos a asociar esas cosas con la salvación. Todo eso puede darnos una idea del *tiempo y las circunstancias* en que nosotros respondimos a la oferta gratuita de Dios de la vida eterna, pero esas cosas no son parte de lo que constituye la salvación.

Entender la fe salvadora ayuda a eliminar cualquier duda en cuanto a nuestra salvación. Independientemente de que sepamos cuándo y dónde llegamos al Salvador o incluso de las circunstancias en que dijimos que queríamos ser salvos, no es allí donde radica la garantía de nuestra salvación. Cuando las Escrituras dan seguridad de nuestra salvación, siempre se remiten a un hecho, no a una fecha o circunstancias personales. ¿Qué podría ser más simple que las palabras de Cristo en Juan 6:47: "De cierto, de cierto os digo: El que cree en mí, tiene vida eterna"?

Algunos han confiado en Cristo al final de un servicio en la iglesia. Otros se han apropiado de su don gratuito mientras conducían a su casa desde la iglesia pensando en lo que acababan de escuchar. Otros han confiado en Cristo mientras estaban acostados en la cama siendo conscientes por primera vez del pago por su problema de pecado. Algunos han recibido el regalo de la vida eterna sentados en su silla en la oficina. Aún otros han venido a Él en un auto alquilado o mientras volaban a su próximo compromiso. Pero cuando están satisfechos con lo que satisface a Dios, son de Dios para siempre.

A veces las multitudes creían todos a la vez.

En el Nuevo Testamento leemos de multitudes que vienen a Cristo a veces en el mismo momento.

"Y con muchas otras palabras testificaba y los exhortaba, diciendo: Sed salvos de esta perversa generación. Entonces los que habían recibido su palabra eran bautizados; y aquel día se les añadieron como tres mil almas" (Hechos 2:40-41).

"Y perseverando unánimes cada día en el templo, y partiendo el pan en las casas, comían juntos con alegría y sencillez de corazón, alabando a Dios, y teniendo favor con todo el pueblo. Y el Señor añadía cada día a la iglesia los que habían de ser salvos" (Hechos 2:46-47).

"Pero muchos de los que habían oído la palabra, creyeron; y el número de los varones era como cinco mil." (Hechos 4:4)

No se dijo ninguna oración, no se firmó ninguna tarjeta, no se caminó por ningún pasillo. Al escuchar el evangelio, consideraron como cierto que Cristo murió por ellos y resucitó, y quedaron satisfechos con lo que satisfizo a Dios al confiar solo en Cristo para salvarlos.

Frases confusas nos han estorbado

A veces las frases que hemos escuchado al venir a Cristo han causado confusión acerca de nuestra salvación. Aunque las personas que usaban este lenguaje tenían buenas intenciones, es posible que no siempre hayan explicado lo que querían decir con las frases que usaban. Por lo tanto, la idea de apropiarse de un regalo y estar satisfecho con lo que satisface a Dios no fue necesariamente comunicada.

Incluso cuando uso el término "confiar en Cristo", que creo que es el mejor término para usar, explico cuidadosamente lo que significa. No es confiar en Él para tus finanzas, tu salud o tu trabajo, sino confiar solo en Cristo como tu único camino a la vida eterna porque Él satisfizo la ira de Dios contra tu pecado.

Algunos, por ejemplo, nos animan a "aceptar a Cristo". Ese es el lenguaje que se usa en un versículo de la Biblia cuando habla de "todos los que le recibieron". Juan 1:12 nos dice: "Mas a todos los que le recibieron, a los que creen en su nombre, les dio potestad de ser hechos hijos de Dios". Es interesante que el único versículo que utiliza el lenguaje de "aceptar a Cristo" deja en claro que el asunto es creer: "a los que creen en su nombre". De lo contrario, podemos aceptar a Cristo de la forma en que nos aceptamos unos a otros, pero sin confiar en Cristo para salvarnos.

Una persona me dijo una vez: "Pensé que tenía que aceptar a Cristo en el sentido de sentir que Él era quien dijo que era. Entonces, si vivía tan bien como Él vivió, llegaría al cielo. No sabía que tenía que confiar solo en Él para salvarme". No es de extrañar que tuviera tantas dudas acerca de su salvación y con razón. Hasta que confió en Cristo, no estaba satisfecho con lo que satisface a Dios.

Otros han instado: "Invita a Jesús a tu corazón". Una persona que usó ese término sinceramente quiso decir que tenían que apropiarse de su muerte. Explicó que es a través de la fe solo en Cristo para salvarte, que quien es *el* Salvador se convierte en *tu* Salvador. Sin embargo, muchos no explican eso, por lo que podemos ser inducidos a creer que decir una oración en la que lo invitas a entrar en tu corazón es lo que salva. En ninguna parte de la Biblia se comunica tal idea.

Esa frase generalmente se basa en Apocalipsis 3:20: "He aquí, yo estoy a la puerta y llamo; si alguno oye mi voz y abre la puerta, entraré a él, y cenaré con él, y él conmigo". Las palabras traducidas "a él" es una palabra griega que en realidad significa "hacia". El tema es el compañerismo, no la entrada. Cristo le está hablando a una iglesia que es tibia en cuanto a acercarse a Él. El versículo en realidad no debe usarse para invitar a la gente a Cristo. Una vez que confiamos en Cristo, Él ya está en nuestro corazón, así que no hay necesidad de invitarlo a entrar.

Además, ¿cómo puede uno tener la certeza de la salvación? ¿Entró Jesús o no entró? Por lo general, se reduce a: "¿Lo siento o no lo siento?". Incluso un hombre me dijo: "Siempre me dijeron que tenía que esperar hasta que sintiera que Jesús tocaba a mi corazón y luego invitarlo a entrar. He estado esperando durante años para escucharlo tocar. Nunca entendí que eres salvo confiando solo en Cristo". Uno se salva al estar satisfecho con lo que satisface a Dios, no al invitarlo a su corazón.

Otra frase que también puede ser engañosa y confusa cuando reflexionamos sobre nuestra salvación es "entrega tu vida a Dios". Eso es invertir las buenas nuevas del evangelio. No hay nada eterno en tu vida. Además, ¿qué pasa con los días en que nuestras vidas no estaban "entregadas" a Él?

La salvación no es que le des tu vida a Dios, sino que Dios te da la suya. Por eso tenemos vida eterna. Tenemos su vida viviendo dentro de nosotros. 1 Juan 5:11-12 nos asegura: "Y este es el testimonio: que Dios nos ha dado vida eterna; y esta vida está en su Hijo. El que tiene al Hijo, tiene la vida; el que no tiene al Hijo de Dios no tiene la vida".

Una frase más que puede confundirnos es: "Abandona tu pecado y ven a Cristo". Es posible que hayamos intentado rendirnos muchas veces, pero las garras del pecado continúan reteniéndonos. Además, a veces lo abandonamos por un mes o incluso un año, y luego nos rendimos una vez más a las tentaciones de Satanás. Entonces, surgen dudas acerca de nuestra salvación.

La cuestión de venir a Cristo es admitir que somos pecadores; no lo es renunciar a nuestro pecado. Sólo Dios puede ayudarnos a hacer eso. En ningún lugar la Biblia dice: "Limpia tu vida y ven a mí". En cambio, Dios nos insta: "Ven a mí y te ayudaré a limpiar tu vida". Es su poder divino que viene a nosotros a través del Espíritu Santo lo que nos ayuda a decir "no" al pecado y "sí" a una vida recta. Por lo tanto, podemos seguir la amonestación de Pablo a la iglesia en Galacia: "Si vivimos por el Espíritu, andemos también por el Espíritu" (Gálatas 5:25). Incluso si fallamos, seguimos siendo sus hijos, porque hemos venido a Cristo, no porque hayamos renunciado a un pecado en particular.

Conclusión

Al invitar a las personas a venir a Cristo, siempre pregunto: "¿Hay algo que te impida confiar en Cristo en este momento?". Eso expresa lo que la Biblia quiere decir con *pisteuo* y los invita a estar satisfechos con lo que satisfizo a Dios. Cualquiera que sea la frase que usemos, es importante que comunique la idea: "Cristo es mi único camino a la vida eterna y por fe acepto lo que Él hizo en la cruz al pagar por mis pecados como mi único camino al cielo". Nuestra certeza de salvación radica en el hecho de que para Dios fue suficiente la muerte de su Hijo en expiación por nuestros pecados y que para nosotros también lo es. Estamos satisfechos con lo que satisfizo a Dios. Sabemos y creemos que el pago por el pecado resolvió completamente nuestro problema de pecado y que a través de la confianza personal en Él, nos hemos apropiado de su regalo de vida eterna. ¡Es simple y es gratis! Tan simple y tan gratis que hasta un niño puede entenderlo.

Al invitar a las personas a venir a Cristo, siempre pregunto: "¿Hay algo que te impida confiar en Cristo en este momento?"

PREGUNTAS PARA REFLEXIONAR

1. ¿Cómo podrías explicar en diez palabras lo que la Biblia quiere decir con "creer"?

2. ¿Cuál es la mejor palabra que se puede usar hoy para comunicar lo que la Biblia quiere decir con "creer"?

3. ¿Cómo se demuestra que no estamos satisfechos con lo que satisface a Dios al confiar en alguien o algo que no sea lo que Cristo hizo en la cruz?

4. ¿Por qué saber la fecha en que fuiste salvo, o cómo lo hiciste, no es esencial para la certeza de tu salvación?

5. ¿De qué manera el entorno o las circunstancias bajo las cuales fuiste salvo no están relacionados con la certeza de tu salvación?

6. ¿Cómo pueden las frases confusas comunicar mal lo que la Biblia quiere decir con "creer"?

CAPÍTULO SEIS

¿Qué significa arrepentimiento?

Probablemente ninguna palabra cause más confusión entre creyentes y no creyentes que la palabra "arrepentimiento". Esa confusión ha causado que muchos creyentes no estén seguros de su salvación. Ha impactado a los incrédulos, porque cuando escuchan la palabra "arrepentirse" no están seguros de lo que deben hacer para ser salvos.

El arrepentimiento genuino es esencial para la salvación. El apóstol Pablo declaró: "Pero Dios, habiendo pasado por alto los tiempos de esta ignorancia, ahora manda a todos los hombres en todo lugar, que se arrepientan" (Hechos 17:30). Ahora bien, ¿qué significa arrepentimiento?

No significa cambiar tu vida.

El arrepentimiento a menudo se define como un cambio de vida. Para quien no es cristiano, significa que debe limpiar su manera de actuar para venir a Cristo. Sacar de su vida lo que no debería estar en ella y poner lo que debería estar. El problema es que eso significaría que la reforma tiene que venir antes que la regeneración. ¿Cómo vive un no cristiano la vida que aún no ha sido facultado para vivir?

El problema es que eso significaría que la reforma tiene que venir antes que la regeneración.

Una persona tiene la capacidad de vivir una vida que antes no podía vivir, únicamente después de que viene a Cristo. El testimonio de Pablo fue: "Con Cristo estoy juntamente crucificado, y ya no vivo yo, mas vive Cristo en mí; y lo que ahora vivo en la carne, lo vivo en la fe del Hijo de Dios, el cual me amó y se entregó a sí mismo por mí" (Gálatas 2:20). Es solo después de venir a Cristo que se obtiene el poder sobrenatural para vivir una vida sobrenatural. La regeneración debe preceder a la reforma. Dios no está diciendo: "Limpia tu vida y después ven a mí". Dios está diciendo: "Ven a mí, y te ayudaré a limpiar tu vida".

Para un cristiano, definir el arrepentimiento como un cambio de vida plantea preocupaciones similares. Si tengo que cambiar mi vida, ¿eso significa que si no he podido dejar los malos hábitos, entonces no soy cristiano? ¿Cuánto necesita cambiar mi vida para estar seguro de que soy cristiano? ¿Qué pasa con las tentaciones que enfrento que a veces todavía me controlan en lugar de que yo las controle? ¿Hasta qué punto mi vida necesita cambiar para estar seguro de que soy cristiano? ¿Cuántos malos hábitos debo dejar? ¿Qué pasa si vivo espléndidamente un día y mal al día siguiente? Si el arrepentimiento significa un cambio de vida, ¿cómo podría estar seguro de la salvación? ¿Cuánto cambio es suficiente?

Significa cambiar tu opinión

El arrepentimiento tal como se usa en un contexto evangelístico no significa cambiar tu vida, sino cambiar tu mente. Las principales palabras usadas para el arrepentimiento en el Nuevo Testamento son las palabras griegas *metanoia y metanoeo*. Significan la intención de cambiar de opinión acerca de lo que te impide confiar en Cristo. Por eso hay diferentes objetos para la palabra. A veces es una visión equivocada de Dios (Hechos 20:21), la creencia en ídolos (Apocalipsis 9:20), el reconocimiento de pecados específicos fácilmente identificados como tales (Apocalipsis 9:21), las malas acciones que uno ha cometido (Apocalipsis 16:11), o una dependencia de las buenas obras para salvarnos (Hebreos 6:1). En esos pasajes, Dios está pidiendo un cambio de opinión con respecto a Él mismo, la idolatría, los pecados particulares, los hechos y las obras inútiles.

A menudo, el objeto del arrepentimiento es la persona y la obra de Cristo. Por ejemplo, en Hechos 2:38 se nos dice: "Pedro les dijo: Arrepentíos, y bautícese cada uno de vosotros en el nombre de Jesucristo para perdón de los pecados; y recibiréis el don del Espíritu Santo". Los judíos consideraban a Cristo como un simple hombre e incluso un impostor. Se les pedía que cambiaran de opinión y reconocieran que Él era el Mesías prometido, el Hijo de Dios y Salvador del mundo.

Aquello de lo que una persona tiene que cambiar de opinión siempre está determinado por el contexto.

Aquello de lo que una persona tiene que cambiar de opinión siempre está determinado por el contexto. Uno puede tener que cambiar su visión equivocada de Dios. Otro podría tener que cambiar de opinión acerca de sus buenas obras, reconociendo que ninguna cosa buena que haga lo hace aceptable a Dios.

Lo que también es interesante es que a veces la palabra "arrepentirse" se usa junto con la palabra creer, como en Marcos 1:15: "El tiempo se ha cumplido, y el reino de Dios se ha acercado; arrepentíos, y creed en el evangelio".

Otras veces se usa en lugar de la palabra "creer". Cuando Cristo contó una parábola sobre la oveja perdida, dijo: "Os digo que así habrá más gozo en el cielo por un pecador que se arrepiente, que por noventa y nueve justos que no necesitan de arrepentimiento" (Lucas 15:7). Jesucristo dejó en claro cómo obtener la vida eterna: "De cierto, de cierto os digo, el que cree en mí, tiene vida eterna" (Juan 6:47). Dado que la fe en Cristo es el único medio de salvación, si los ángeles se regocijan por el arrepentimiento, entonces la fe en Cristo debe estar incluida en eso. A veces, "arrepentirse" se usa separado de "creer" y otras veces se incluye en esa palabra.

Otro ejemplo de su uso como sustituto de la palabra "creer" es Hechos 17:30: "Pero Dios, habiendo pasado por alto los tiempos de esta ignorancia, ahora manda a todos los hombres en todo lugar, que se arrepientan".

Definición bíblica

El arrepentimiento podría definirse bíblicamente como "cambiar de opinión acerca de lo que te impide confiar en Cristo y confiar en Él para salvarte". Eso significa que cuando vienes a Dios como pecador, reconoces que Cristo murió por ti y resucitó, y confías solo en Cristo para salvarte. Tanto la fe como el arrepentimiento han tenido lugar.

El Evangelio de Juan fue el único libro del Nuevo Testamento escrito específicamente para decirle cómo recibir la vida eterna. Juan 20:31 nos dice: "Pero estas se han escrito para que creáis que Jesús es el Cristo, el Hijo de Dios, y para que creyendo, tengáis vida en su nombre". Ahora se entiende por qué la palabra "creer" se usa 98 veces en ese libro, pero la palabra "arrepentirse" no se usa ni una sola vez. Porque cuando crees en el sentido bíblico de la palabra, te has arrepentido. Has cambiado de opinión acerca de lo que sea que te impide confiar en Cristo y confiaste en Él para salvarte. Arrepentirse genuinamente es creer en Cristo como el único camino al cielo.

Una vez que nos hemos arrepentido, las Escrituras nos animan a producir frutos "dignos" de arrepentimiento. En Hechos 26:20, Pablo dijo que anunció "primeramente a los que están en Damasco, y Jerusalén, y por toda la tierra de Judea, y a los gentiles, que se arrepintiesen y se convirtiesen a Dios, haciendo obras dignas de arrepentimiento". Pero en ninguna parte de las Escrituras se usa ese fruto como determinante de si somos salvos o no. Nos hemos arrepentido genuinamente cuando hemos cambiado de opinión acerca de lo que impide confiar en Cristo y solo en Él para salvarnos.

Conclusión

El arrepentimiento es esencial para la salvación. Pero cuando venimos a Dios como pecadores, reconocemos que Cristo murió por nosotros y resucitó, y confiamos solo en Cristo para salvarnos, estamos satisfechos con lo que satisface a Dios. Tanto la fe como el arrepentimiento han tenido lugar.

● ● ●

PREGUNTAS PARA REFLEXIONAR

1. ¿Qué significa la palabra arrepentimiento y cómo se relaciona con tu salvación?

2. ¿Cómo podría afectar la certeza de tu salvación tener un punto de vista erróneo sobre el arrepentimiento?

3. ¿Cómo se puede ver la palabra "arrepentimiento" como sinónimo de "creer" en un contexto evangelístico?

CAPÍTULO SIETE

¿Cómo impacta la deidad de Cristo la seguridad de la salvación?

La seguridad del creyente y la certeza que tenemos de nuestra salvación están entretejidas con la deidad de Cristo. El hecho de que Cristo es Dios es lo que asegura nuestra salvación y nos da la seguridad de que al confiar en Cristo somos suyos para siempre.

Cristo ES Dios

Las Escrituras dejan muy clara la deidad de Cristo. Él mismo afirmó ser preexistente. Él dijo: "De cierto, de cierto os digo, antes que Abraham fuese, YO SOY" (énfasis añadido) (Juan 8:58). Afirmó su igualdad con Dios al decir que Él y el Padre eran uno (Juan 5:18, 10:30). Aquellos que lo escucharon no tenían dudas acerca de lo que estaba diciendo y por lo tanto lo acusaron de blasfemo. Afirmó ser todopoderoso cuando anunció: "Toda potestad me es dada en el cielo y en la tierra" (Mateo 28:19). Incluso los milagros que hizo fueron diseñados para verificar su deidad y solicitar fe en él (Juan 20:30-31).

Otros también reconocieron su deidad. Tomás, al ver a Cristo resucitado, dijo: "¡Señor mío y Dios mío!" (Juan 20:28). Pablo, el apóstol, se refirió a Cristo como "el Dios bendito por los siglos" (Romanos 9:5). Los discípulos dijeron de Él: "Verdaderamente eres Hijo de Dios" (Mateo 14:33). Natanael reconoció que Él tenía conocimiento que solo podía provenir de un Dios omnisciente y dijo de Él: "Rabí, tú eres el Hijo de Dios" (Juan 1:48-49). Una vez más, la evidencia a lo largo de las Escrituras de que Jesucristo era Dios, es abundante.

Con eso en mente, ¿por qué y cómo se relaciona la deidad de Cristo con nuestra seguridad eterna y la certeza de nuestra salvación? La respuesta está en dos verdades enormes e inconfundibles.

Salvación significa un Dios Todopoderoso que te sostiene, no tú sosteniendo a Dios.

La salvación no es que tú sostienes a Dios. Si así fuera, nunca podrías estar seguro de tu salvación. Posiblemente podrías dejarlo caer. En el mejor de los casos, somos seres humanos frágiles y débiles que no están dotados de la capacidad y el poder del Todopoderoso. En cambio, la salvación es Dios sosteniéndote.

Examina Juan 10:27-30. Jesús no solo hace una declaración asombrosa, sino que también la repite dos veces: "Mis ovejas oyen mi voz, y yo las conozco, y me siguen, y yo les doy vida eterna; y no perecerán jamás; ni nadie las arrebatará de mi mano. Mi Padre que me las dio, es mayor que todos; y nadie las puede arrebatar de la mano de mi Padre. Yo y Mi Padre uno somos".

"Mis ovejas" es obviamente una referencia a los creyentes, aquellos que han confiado en Él como su Salvador. Afirma su relación con el Padre. Dos veces dice que absolutamente nadie las puede arrebatar de su mano o de la de su Padre. La razón que da es: "Mi Padre que me las ha dado, es mayor que todos". Eso significa que para perder nuestra salvación, tendríamos que ser más grandes que Dios mismo. Ningún enemigo de ningún tipo puede quitarle la salvación a un creyente.

Eso le da un tremendo significado a Romanos 8:38-39: "Por lo cual estoy seguro de que ni la muerte, ni la vida, ni ángeles, ni principados, ni potestades, ni lo presente, ni lo por venir, ni lo alto, ni lo profundo, ni ninguna otra cosa creada nos podrá separar del amor de Dios, que es en Cristo Jesús Señor nuestro". Pablo menciona diez posibilidades que abarcan a todos y a todo y dice que ninguna de ellas puede separar a un creyente de Cristo.

Eso incluiría incluso el suicidio de un creyente. Si el suicidio separara a un creyente de Cristo, entonces ese creyente tendría que haber sido más grande que Dios mismo. Si un creyente se suicida, eso deshonra a Dios y le costará al creyente algo de su recompensa eterna (un tema que examinaremos más adelante), pero de ninguna manera perdería su salvación.

Algunos podrían afirmar: "Nadie puede separarnos del amor de Dios, pero nosotros podemos separarnos. Es decir, podemos elegir alejarnos o rechazar a Dios. Eso también significaría que somos más poderosos que el Dios que nos sostiene. Claramente contradiría otros versículos que examinaremos que enseñan que aunque podemos alejarnos de Dios, Él nunca se aleja de nosotros.

Nada ni nadie tiene el poder para arrebatarnos de su mano.

La salvación es Dios sosteniéndonos. Nada ni nadie tiene el poder para arrebatarnos de su mano. El Dios que es suficientemente poderoso para salvarnos también es lo suficientemente poderoso para guardarnos.

Un Dios santo no puede retractarse de sus promesas.

Tú y yo a veces mentimos, quizás más veces de las que nos gustaría admitir. Por lo tanto, no cumplimos nuestras promesas. Dado que un Dios santo no puede mentir, no puede retractarse de sus promesas. Pocos versículos lo dicen más claro que Romanos 11:29: "Porque irrevocables son los dones y el llamado de Dios". El contexto son las promesas que Dios hizo a Israel, pero la aplicación es aún más amplia. Las Escrituras están estableciendo un principio básico. Un Dios santo dice lo que quiere decir y quiere decir lo que dice y no se retracta de su palabra. "Irrevocable" tiene la idea de que Él no retirará lo que dijo y no cambiará de opinión. Él cumple sus promesas porque es una persona de integridad y carácter santo.

Ese principio es muy cierto cuando se relaciona con nuestro llamado a la salvación. Por lo tanto, Romanos 8:30 nos dice: "Y a los que predestinó, a éstos también llamó; y a los que llamó, a éstos también justificó; y a los que justificó, a éstos también glorificó". Un Dios santo no se ha retractado, no lo hará y no puede retractarse de sus promesas. Por eso Jesús pudo proclamar en Juan 6:37: "Todo lo que el Padre me da, vendrá a mí; y al que a mí viene, no le echo fuera". "De ninguna manera" significa exactamente eso, bajo ninguna condición y sin excepciones.

Ahora, con eso en mente, observa las repetidas promesas hechas por Jesucristo como el Hijo perfecto de Dios, en relación con nuestra salvación. Ten en cuenta que cada promesa se relaciona en última instancia con su carácter e integridad.

"Porque de tal manera amó Dios al mundo, que ha dado a su Hijo unigénito, para que todo aquel que en él cree, no se pierda, mas tenga vida eterna" (Juan 3:16).

"El que en él cree, no es condenado; pero el que no cree, ya ha sido condenado, porque no ha creído en el nombre del unigénito Hijo de Dios" (Juan 3:18).

"De cierto, de cierto os digo: El que oye mi palabra, y cree al que me envió, tiene vida eterna; y no vendrá a condenación, mas ha pasado de muerte a vida" (Juan 5:24).

"Y esta es la voluntad del que me ha enviado: Que todo aquel que ve al Hijo, y cree en él, tenga vida eterna; y yo le resucitaré en el día postrero" (Juan 6:40).

"De cierto, de cierto os digo: El que cree en mí, tiene vida eterna" (Juan 6:47).

"Le dijo Jesús: Yo soy la resurrección y la vida; el que cree en mí, aunque esté muerto, vivirá. Y todo aquel que vive y cree en mí, no morirá eternamente. ¿Crees esto?" (Juan 11:25-26).

Ahora nota algo que es a la vez reconfortante y emocionante. Nada de esto, ni Dios sosteniéndonos y no nosotros sosteniéndonos a Dios, ni el hecho de que un Dios santo no puede retractarse de sus promesas, tiene que ver con nuestro desempeño como cristianos, la consistencia de nuestro caminar espiritual o la medida en que nuestras vidas reflejan la presencia del Salvador. Nuestra salvación y la certeza de ella se centran en quién es Él, no en quiénes somos nosotros. Una vez que venimos a Él, su deidad y promesas resuelven el problema. Ni siquiera podría llamarlo vida "eterna" si algo sucediera que hiciera que no durara. "Eterno" tiene que ser "eterno". Un Dios santo y un Dios que cumple sus promesas tiene que decir lo que quiere decir y querer decir lo que dice.

Esa es una de las razones por las que les digo a los nuevos creyentes que una vez que confían en Cristo, entonces tienen que confiar en su

Palabra. ¡Él es Dios! Si Él lo dijo, lo dijo en serio. Si Él lo prometió, así queda establecido. Somos suyos, para siempre, y nada puede cambiar eso. ¿Qué pruebas tengo de que soy hijo de Paul y Miriam Moyer? Se llama certificado de nacimiento. Eso lo establece. En esencia, la Palabra de Dios es mi certificado de nacimiento. Él lo dijo. ¡Eso lo establece!

Si Él lo dijo, lo dijo en serio. Si Él lo prometió, así queda establecido.

Incluso si Satanás nos hace dudar de nuestra salvación, el mayor error que podemos cometer es permitirle, por así decirlo, "hablar con nosotros". A Satanás le encanta jugar con nuestra mente y nuestras emociones. Él sabe que si puede mantenernos preocupados, dudando, etc., acerca de nuestra salvación, entonces no compartiremos nuestra fe con los demás. Si Satanás quiere hacernos dudar de nuestra salvación, su argumento es con Dios, no con nosotros. Si no somos salvos, es problema de Dios, no nuestro. Todo lo que hicimos fue lo que Él nos dijo que hiciéramos: confiar en su Hijo como nuestro único camino hacia la vida eterna. Hicimos lo que Él nos dijo que hiciéramos, y Él hizo lo que prometió hacer.

Si Satanás quiere hacernos dudar de nuestra salvación, su argumento es con Dios, no con nosotros.

Conclusión

Un Dios todopoderoso nos sostiene, no nosotros a Él. Dios, como un Dios santo, es un cumplidor de promesas, no un quebrantador de su palabra. Esas dos verdades por sí solas nos muestran cómo nuestra seguridad eterna y la certeza de ella están entrelazadas con la deidad de Cristo. Ser quien Él es (un Dios santo y todopoderoso) es lo que hace que al confiar en Cristo nuestra salvación esté garantizada para siempre. Ya que Él es Dios, no hay razón para dudar de nuestra salvación una vez que hemos confiado en Cristo. Si Él no fuera Dios, habría muchas razones para dudar.

* * *

PREGUNTAS PARA REFLEXIONAR

1. ¿Cómo se relacionan entre sí el carácter y las promesas de Dios?

2. ¿Por qué la enseñanza bíblica de que Dios nos sostiene, no nosotros a Dios, es fundamental para la seguridad de su salvación? Sé específico.

3. ¿Cómo impactan la seguridad de nuestra salvación las promesas que Dios nos hace versus las promesas que nosotros le hacemos a Dios?

4. ¿Por qué debemos llevar a Dios las dudas que Satanás nos dice sobre nuestra salvación y qué diferencia haría eso en términos de nuestra certeza?

CAPÍTULO OCHO

Entonces, ¿sobre qué base estamos seguros de nuestra salvación?

Entender por qué luchamos antes de venir a Cristo puede ayudarnos a comprender por qué a veces luchamos después con la certeza de nuestra salvación. Hemos estado expuestos a algo que nunca habíamos escuchado o visto: gracia inmerecida y el amor incondicional.

Les he dicho a muchos: "Si Dios les dijera que para llegar al cielo tienen que ir a la iglesia tres domingos, bautizarse cuatro veces, recibir cinco sacramentos y vivir correctamente durante seis años, harían exactamente eso, ir a la iglesia tres domingos, bautizarse cuatro veces, tomar cinco sacramentos y vivir correctamente durante seis años. Pero cuando Dios te dice: 'Mi Hijo pagó por todo lo malo que has hecho. Toda su deuda ha sido pagada. Ahora puedo darte el perdón y la vida eterna completamente gratis', eso te resulta muy difícil de aceptar'".

¿Por qué la gracia y el amor son tan alucinantes?

Bíblicamente definida, la gracia es un favor inmerecido. Dios nos da lo que *no merecemos* y retira lo que *sí merecemos*. Cuando se trata de amor, su amor es incondicional. Dios nos ama a pesar de lo que somos, no por lo que somos. Tanto su gracia como su amor son muy ajenos a nuestra forma de pensar. A menudo vemos a Dios como un Papá Noel. Pensamos que cuando hacemos el bien, nos volvemos buenos, y lo contrario si no lo hacemos. Pero Dios no es un Papá Noel, es un Dios de gracia y amor.

Tanto su gracia como su amor son muy ajenos a nuestra forma de pensar.

Piensa primero en su gracia. Trabajamos sobre la base de la deuda y los favores intercambiados. Si te invito a cenar con mi esposa y conmigo, se espera que nos invites a cenar contigo en otro momento. Si te presto veinte dólares, la próxima vez que necesite un favor tuyo, se espera que me lo devuelvas. Te ayudo con un proyecto de la casa, pero me ofendo si, cuando necesito tu ayuda, no me devuelves el favor.

Entonces, la gracia se vuelve alucinante para nosotros. Eso es lo que hace que Romanos 4:4-5 sea tan significativo: "Pero al que obra, no se le cuenta el salario como gracia, sino como deuda; mas al que no obra, sino cree en aquel que justifica al impío, su fe le es contada por justicia". Si Dios nos concediera la salvación sobre la base de cualquier cosa que hayamos hecho, o incluso Cristo más cualquier cosa que hayamos hecho, todo lo que estaría haciendo sería pagar una deuda, dándonos algo que nos debe. Pero como es por gracia, Él está extendiendo un favor que no merecemos. No es sólo gracia; ¡es una gracia asombrosa! Dios no está en deuda con nosotros; en cambio, nosotros estamos en deuda con Dios.

Ahora, piensa en su amor. Es completamente incondicional. No tiene nada que ver con lo que somos o lo que hemos hecho. Eso también rara vez lo hemos experimentado, y como resultado, nos resulta difícil de aceptar. Un hombre le da la espalda a un pariente y el pariente le hace lo mismo. Una persona va a la cárcel y es tratada como un paria. Después de todo, exclamamos: "Tú cometiste el crimen, tú cumples la condena". Las ofensas que un amigo ha cometido contra nosotros son perdonadas, siempre y cuando "me demuestres que ha habido un cambio en tu vida". Es un tipo de amor de "te amo si", no de "te amo y punto".

Sin embargo, lo que conocemos poco (gracia inmerecida y amor incondicional) es intrínseco al carácter de Dios. Le viene naturalmente; es quien es Él. Cuando uno piensa en Dios, ¿en qué piensa? En santidad y poder. Su gracia inmerecida y su amor incondicional son una parte tan importante de quién es Él como lo es su santidad y su poder. La gracia y el amor no son parte de Dios, son intrínsecos a quien es Él. Entender la gracia y el amor en su mejor y más profundo significado es entender quién es Dios. ¿Cuántas veces las Escrituras hacen eco de palabras similares al Salmo 111:4: "Clemente y misericordioso es Jehová"?

Cristo le dijo a la persona que estaba junto a Él mientras colgaba de la cruz: "De cierto te digo que hoy estarás conmigo en el paraíso" (Lucas 23:43). Le estaba hablando a una persona que merecía la separación eterna de Dios. Pero este reconoció la deidad de Cristo (Lucas 23:42). Cristo no lo aceptó porque reformó su vida o cambió su manera de actuar. No había tiempo para nada de eso. Lo aceptó porque su gracia es inmerecida y su amor no tiene condiciones de ningún tipo.

La gracia y el amor no son parte de Dios, son intrínsecos a quien es Él.

Ninguno de nosotros, incluso si no estamos en nuestros últimos momentos, tenemos algo más a nuestro favor que el ladrón en la cruz. El pecó a su manera y nosotros pecamos a la nuestra. Dios nos ama porque nos ama. Es simplemente quién es Él. No tiene nada que ver con nosotros y todo que ver con Él. A pesar de que es *todo* acerca de nosotros, no es debido a *algo* de nosotros. ¿Qué podría ser más claro o más simple que 1 Juan 4:10?: "En esto consiste el amor: no en que nosotros hayamos amado a Dios, sino en que él nos amó a nosotros, y envió a su Hijo en propiciación por nuestros pecados".

Un excelente ejemplo de la gracia inmerecida y el amor incondicional de Dios es el trabajo de Dios con la nación de Israel. Medita en Ezequiel 36. Aunque muchas veces le dieron la espalda (e incluso tuvieron que sufrir su disciplina), Él no les dio la espalda a ellos.

Entonces, lo que hace que la gracia y el amor de Dios sean tan difíciles de comprender para muchos es que es algo que no hemos experimentado de nadie en ninguna parte. Cuando venimos a Cristo, estamos abrumados con su gracia y amor, y deberíamos estarlo.

La salvación y la certeza de ella están sobre la misma base.

Lo que a veces perdemos de vista es que la misma gracia inmerecida y amor incondicional que nos salva también nos da certeza de ella. Su carácter no cambia una vez que hemos confiado en Cristo. Dios no deja de ser quien es una vez que nos hemos acercado a Él. Lo que era intrínseco a Él cuando vinimos a Él también es intrínseco a Él ahora que caminamos con Él.

Dios no deja de ser quien es una vez que nos hemos acercado a Él.

Debido a que estamos tan acostumbrados a ganar todo lo que tenemos, a veces nos dejamos llevar por el pensamiento de que aunque somos salvos por su gracia inmerecida y su amor incondicional, ahora tenemos que hacer algo para conservarlo o demostrar que lo tenemos. No hicimos nada para conseguirlo, pero de alguna manera pensamos que tenemos que hacer algo para mantenerlo. Después de todo, ¿no es así como funciona la vida? *Demuestra* que eres un buen trabajador o el empleador podría pedirte que vacíes tu escritorio. *Demuestra* que eres leal a la familia o tu herencia podría sufrir. *Demuestra* que serás un buen compañero o tu pareja podría dejarte por otra persona. *Demuestra* que has sido un buen estudiante o podrías estar buscando un período de prueba académico. Por lo tanto, nos encontramos con "pruebas" en cuanto a si somos cristianos o no.

Un amigo me dijo una vez: "Me gustaría tener una moneda de veinticinco centavos por cada vez que he oído que la gente establece pruebas para saber si una persona es cristiana o no por la forma en que se comporta. Si realmente fuera cristiano, no habría hecho tal cosa". Por lo general, esas pruebas se basan en nuestras propias experiencias y prejuicios porque, en nuestra depravación, podemos ser como los fariseos legalistas de los que se habla en las Escrituras.

Si venimos de una familia alcohólica y fuimos liberados de la adicción, suponemos: "No puedes ser cristiano y ser alcohólico". Si nos molestan los que dicen ser creyentes pero no van a la iglesia, concluimos: "No puedes ser cristiano y no ir a la iglesia". Si tuvimos un cónyuge creyente que nos amó y luego nos dejó por otra persona, concluimos: "No puedes ser cristiano y ser infiel". Si contratamos a una persona que decía ser creyente y luego robó de nuestra empresa, nos apresuramos a decir: "Pensé que era creyente, pero obviamente no lo era". Incluso llevamos esas "pruebas" al ámbito político. Si somos partidarios de un partido político y contrarios a otro, decimos que no se puede ser cristiano y ser del partido contrario.

No sería exagerado decir que se han realizado más de cien "pruebas" de este tipo. Curiosamente, sugerimos las áreas en las que somos fuertes y alguien más es débil, no al revés. De esa manera siempre salimos ganando. Por ejemplo, conozco a un creyente que tiene mucho sobrepeso. Se apresura a usar cosas como la pureza sexual para determinar si uno es creyente o no. Al mismo tiempo, pasa por alto lo que dice la Biblia acerca de la necesidad del creyente de disciplina y dominio propio con respecto a su apetito y cuerpo (1 Corintios 6:19-20, 9:27). Entonces le comenté: "Es interesante que según lo que acabas de explicar no puedo ser cristiano si no tengo el control de mi vida sexual, pero puedo ser cristiano si no tengo el control sobre mi apetito".

La gracia inmerecida y el amor incondicional son intrínsecos a Dios, y eso no cambia después de que venimos a Cristo. Por eso la Biblia no enseña la salvación por la fe y la certeza de ella por las obras, sino la salvación por la fe y la certeza por la fe. La base sobre la cual somos salvos es la misma base sobre la cual estamos seguros de nuestra salvación. Pablo reprendió a los gálatas por considerar tal pensamiento como la seguridad que proviene de nuestras obras cuando dijo: "¿Tan necios sois? ¿Habiendo comenzado por el Espíritu, ahora vais a acabar por la carne?" (Gálatas 3:3).

Por eso la Biblia no enseña la salvación por la fe y la certeza de ella por las obras, sino la salvación por la fe y la certeza por la fe.

Nuestra salvación se basa en una sola cosa: ¿He confiado en Jesucristo y su obra consumada en la cruz como mi único camino a la vida eterna? La certeza de nuestra salvación se basa en lo mismo: ¿He confiado en Jesucristo y su obra consumada en la cruz como mi único camino a la vida eterna?

A través de la Escritura, nuestra salvación y nuestra certeza de ella se basan en nuestra justificación, nunca en nuestra santificación. Se basan enteramente en las promesas que nos hizo a nosotros, no en nuestras promesas a Él.

Examina no sólo lo que dicen las Escrituras, sino también lo que *no dicen.*

Por ejemplo, Juan 6:47 tiene un punto al finalizar, no una coma. "De cierto, de cierto os digo: El que cree en mí, tiene vida eterna". No continúa: "mientras ore como cristiano, hable como cristiano y parezca cristiano".

Juan 5:24 es uno de los mejores versículos de toda la Biblia sobre la certeza de que somos salvos. También termina con un punto y no con una coma. Dice: "De cierto, de cierto os digo: El que oye mi palabra, y cree al que me envió, tiene vida eterna; y no vendrá a condenación, mas ha pasado de muerte a vida". No continúa, "mientras su actuación demuestre que es cristiano".

Otro pasaje a examinar es 1 Juan 5:11-13: "Y este es el testimonio: que Dios nos ha dado vida eterna; y esta vida está en su Hijo. El que tiene al Hijo, tiene la vida; el que no tiene al Hijo de Dios no tiene la vida. Estas cosas os he escrito a vosotros que creéis en el nombre del Hijo de Dios, para que sepáis que tenéis vida eterna, y para que creáis en el nombre del Hijo de Dios".

"Saber" significa "saber absolutamente", como uno sabe cuántos dedos tiene la mano derecha o cuál es su dirección. ¿Bajo qué condición se tiene la vida eterna? "El que tiene al Hijo". ¿Bajo qué condición no se tiene la vida eterna? "El que no tiene al Hijo".

¿Bajo qué condición puede uno saber que tiene vida eterna? "Vosotros que creéis en el nombre del Hijo de Dios".

La frase: "y para que creáis en el nombre del Hijo de Dios", tiene la idea de que así como la fe te salva, la fe en Él puede hacer que pidas lo que quieras de Él, que esté de acuerdo con su voluntad, sabiendo que Él responderá. Por lo tanto, los versículos 14-15 continúan diciendo: "Y esta es la confianza que tenemos en él, que si pedimos alguna cosa conforme a su voluntad, él nos oye. Y si sabemos que él nos oye en cualquiera cosa que pidamos, sabemos que tenemos las peticiones que le hayamos hecho".

La salvación y la certeza de ella están garantizadas en una cosa: la fe en el Hijo para salvarnos. La Biblia es clara. Somos salvos solo por la fe y tenemos certeza de ello solo por la fe. Eso tiene sentido. Cualquier otra cosa no sería inmerecida o incondicional.

Pero además de eso, si la salvación fuera por la fe y la certeza por las obras, ¿cómo podríamos "saber absolutamente" (1 Juan 5:13) que somos salvos? Siempre tendríamos que hacer preguntas como: "¿He vivido lo suficiente como un cristiano?» "¿Qué pasa con las veces que he fallado en orar? ¿Significa eso que no soy creyente?" "¿Qué pasa con las áreas en las que soy fuerte y otros cristianos son débiles? ¿Significa eso que yo no soy cristiano y ellos lo son o viceversa?" "A veces encuentro la Biblia un poco aburrida. ¿Significa eso que no soy salvo?" "Hay personas que particularmente no disfruto o incluso no me agradan. ¿Significa eso que no he nacido de nuevo?" "Algunos de mis malos hábitos todavía me persiguen. ¿Significa eso que no he confiado en Cristo y que no tengo su Espíritu dentro de mí?" "No soy tan constante en la asistencia a la iglesia como debería ser. ¿Significa eso que me estoy engañando a mí mismo y que en realidad no soy un creyente?" La lista de preguntas y luchas es casi interminable. Todo esto verifica que nuestro enfoque está en nosotros mismos en lugar de la obra de Cristo completada en la cruz.

¿Qué pasa con la persona que no está viviendo como un cristiano?

Una de las razones por las que muchas personas luchan con la sencillez del mensaje del evangelio y la certeza que lo acompaña es esta: ¿Cómo puede el Espíritu Santo entrar en una persona y esa persona no cambiar? Además, apuntan a 2 Corintios 5:17: "De modo que si alguno está en Cristo, nueva criatura es; las cosas viejas pasaron; he aquí, todas son hechas nuevas".

Ese versículo ciertamente dice que somos una nueva creación en Cristo. Pero usar ese versículo para decir que si alguien no parece ni actúa como cristiano, entonces no es cristiano, es un mal uso de las Escrituras. No conozco a nadie que lo haya dicho mejor que el difunto Dr. Charles Ryrie. Durante mis años de seminario el Dr Ryrie tuvo gran impacto en mí, y hasta tuve el privilegio de almorzar con él con frecuencia. Una vez dijo: "Tiene que haber un cambio, pero es posible que el cambio aún no se haya producido en el exterior".

Si una persona viene genuinamente a Cristo, y no crece como cristiano hablando con Dios en oración, Dios hablándole a Él a través de las Escrituras, teniendo comunión con otros creyentes, dejando que Dios día a día saque de su vida lo que no debería estar allí, y poner lo que falta, su vida puede no parecer muy diferente a la de un no cristiano. Dios hará su parte en la salvación pero debemos estar dispuestos a hacer la nuestra para crecer. Satanás ama pocas cosas más que evitar que un cristiano refleje a Cristo. Satanás no puede hacer nada acerca del destino eterno de una persona una vez que ha confiado en Cristo. Eso se resolvió en el momento en que la persona vino al Salvador. Pero puede tratar de evitar que esa persona tenga una influencia positiva sobre los demás.

De hecho, si una persona viene a Cristo y vive en desobediencia a Él, a veces su vida puede ser más miserable que la de un incrédulo. Es porque el Espíritu Santo le dice lo que debería estar haciendo en contraste con lo que está haciendo.

También es necesario mencionar que una persona que genuinamente viene a Cristo y no avanza más allá de su salvación inicial, se pierde mucho de lo que Dios tiene para él. En muchos sentidos, esa persona es digna de lástima. Nadie puede mostrarnos cómo vivir en abundancia de la manera que Él puede hacerlo. Como Él declaró en Juan 10:10: "El ladrón no viene sino para hurtar y matar y destruir; yo he venido para que tengan vida, y para que la tengan en abundancia". Como les he dicho a muchos, conocer a Cristo y luego crecer en Él es una vida de primera clase.

¿Debería alguien que no está viviendo para Cristo dudar de su salvación?

¿Significa eso que una persona que no vive para Cristo o no muestra evidencia de ser cristiano no debería examinar su salvación? De ninguna manera. *Pero esa no puede ser la base sobre la cual decida si conoce o no al Señor*. Si lo hace, nunca estará seguro. ¿Cuándo "suficiente" es suficiente? Hay dos preguntas que hacer con respecto a dónde estamos espiritualmente, pero deben mantenerse completamente separadas. Una es: "¿He confiado solo en Cristo para salvarme?" La segunda es: «¿Estoy creciendo y actuando como cristiano?» Uno puede haber confiado en Cristo y, sin embargo, no estar creciendo o quizás incluso haberse alejado del Señor. Uno puede estar creciendo (en el sentido de aprender más sobre

Cristo y la vida cristiana) y actuando como cristiano, pero en realidad no ha confiado en Cristo. Las cosas buenas que hacen y su mentalidad espiritual pueden ser simplemente un intento de ganar su salvación.

Hay dos preguntas que hacer con respecto a dónde estamos espiritualmente, pero deben mantenerse completamente separadas.

Incluso mientras escribo este libro, uno de nuestros instructores certificados me habló de un hombre a quien tuvo el privilegio de guiar a Cristo usando nuestro folleto "¿Puedo hacerle una pregunta?". Nuestro instructor comenzó a darle seguimiento y a ayudarlo a crecer en el Señor. Durante ese tiempo, el nuevo convertido estaba bajo un tremendo estrés en el trabajo y finalmente se alejó del Señor. Pero aunque se alejó de Dios, Dios no se alejó de Él. Mientras enfrentaba una serie de problemas, el Señor lo convenció de su necesidad de volver a Él. No solo lo hizo, sino que ahora está creciendo espiritualmente y comparte regularmente el evangelio con los incrédulos.

Hay que hacerse dos preguntas: "¿Has confiado solo en Cristo para salvarte?" y "¿Estás creciendo y actuando como un cristiano?" Pero mantenga esas dos preguntas completamente separadas. Son preguntas separadas en la mente de Dios y deberían estar así en la nuestra.

Conclusión

Gracias a la gracia inmerecida y al amor incondicional, somos salvos a través de la persona y las promesas de Dios y tenemos certeza de nuestra salvación a través de las mismas. Nuestra seguridad eterna y la certeza de eso fluye de su carácter. Debido a quién es Él, somos salvos por fe y estamos seguros por fe. Cuando hemos confiado en Cristo, nuestra salvación está establecida para siempre en su mente y puede estar establecida para siempre en la nuestra. El pueblo de Dios tiene motivos para exclamar: "¡Aleluya!" Como me dijo una mujer que vino a Cristo: "Es un sentimiento maravilloso no tener más dudas".

PREGUNTAS PARA REFLEXIONAR

1. ¿De qué manera la comprensión de que su gracia es inmerecida y de que su amor es incondicional es crucial para comprender el plan de salvación de Dios?

2. ¿De qué manera somos tentados a olvidar que su gracia, siendo inmerecida y su amor incondicional, no cambia después de haber confiado en Cristo?

3. Si nuestra certeza de salvación estuviera basada en nuestras obras y desempeño, ¿por qué nunca estaríamos seguros de nuestra salvación?

4. ¿Por qué mirar nuestro desempeño no nos da la seguridad de si conocemos o no al Señor?

5. ¿Cuáles dos preguntas deben hacerse si alguien no está seguro de su propia salvación o de la salvación de otro? ¿Por qué tienen que ser dos preguntas separadas?

CONCEPTOS ERRÓNEOS Y NO BÍBLICOS

CAPÍTULO NUEVE

¿Qué pasa con las enseñanzas que nos hacen dudar de nuestra salvación?

Una razón por la que muchos dudan de su salvación es que se les han compartido cosas como enseñanzas bíblicas cuando en realidad no son bíblicas en absoluto.

¿Cuáles son esas enseñanzas? ¿De dónde vienen y por qué están equivocados?

Si dudas de tu salvación, entonces no eres salvo.

El pensamiento expresado es que si fueras verdaderamente salvo, no tendrías razón para dudar. Después de todo, ¿no dice 1 Juan 5:13: "Estas cosas os he escrito a vosotros que creéis en el nombre del Hijo de Dios, para que sepáis que tenéis vida eterna…"? Dice saber, no dudar.

El problema con ese pensamiento es que la persona que duda en realidad está cuestionando más que dudando (aunque lo llamen dudar). Simplemente está preguntando: "¿Soy realmente salvo?". No hay nada de malo en ello. La "duda" (si queremos llamarla así) hace que nos hagamos preguntas saludables. De hecho, tengo más preocupación por la persona que no hace la pregunta correcta sobre su salvación que por la que la hace. Es espiritualmente saludable preguntar: "¿Soy realmente salvo?" y ser capaz de decir "sí" y saber por qué, y si no puede, determine por qué y resuelva el problema ahora.

De hecho, tengo más preocupación por la persona que no hace la pregunta correcta sobre su salvación que por la que la hace.

Si no sabes la fecha en la que fuiste salvo, entonces no eres salvo.

La idea es que debes saber el lugar y la fecha en que cruzaste la línea de la oscuridad a la luz porque la salvación representa un momento dramático y no es algo en lo que puedas "deslizarte" sin saber cuándo sucedió. Algunos apuntan al ejemplo del apóstol Pablo, quien sin duda podría haberte dicho la hora y señalado el lugar en el camino a Damasco donde se encontró con el Salvador. Por lo tanto, aquellos que no conocen tal fecha se preguntan: "¿Soy realmente salvo?". Cada vez que la Escritura da certeza de la salvación, siempre se remonta a un hecho, no a una fecha. Juan 6:47 no dice: "De cierto, de cierto os digo: el que cree en mí y sabe la fecha, tiene vida eterna". En cambio, dice: "El que cree en mí tiene vida eterna".

Cada vez que la Escritura da certeza de la salvación, siempre se remonta a un hecho, no a una fecha.

Algunas personas saben la fecha. Su conversión fue tan dramática debido al trasfondo del que fueron salvos que te pueden decir el momento en que vinieron a Cristo. Otros, particularmente aquellos criados en un hogar temeroso de Dios, llegaron a comprender a través de un proceso gradual que uno es salvo por gracia, no por obras. Saben que ahora están confiando solo en Cristo para salvarlos, pero no están seguros en qué momento cruzaron la línea.

Enfatizar una fecha puede ser particularmente dañino con los niños y hacer que luego duden de su salvación. Es posible que hayan venido a Cristo a una edad temprana. Pero a medida que crecen física y espiritualmente, comprenden mejor el plan de salvación de Dios y lo aprecian más. Luego se preguntan: "¿Realmente fui salvo cuando tenía seis años (o cuando sea)?". Los padres a menudo les hacen mucho daño al decir: "Oh sí, sabemos que lo estabas; estábamos ahí." El problema es que si pasó lo que crees que pasó, se salvan; si no, no se salvan. ¿Quién sabe? Nadie puede revivir la historia. Cuando la Escritura da seguridad, se remonta a un hecho, no a una fecha. La pregunta es: ¿en quién estás confiando *ahora mismo*? Si estás confiando en Cristo, eres salvo sin importar cuándo cruzaste la línea. Entonces, en cambio, un padre debería decir: "Tal vez lo estabas, tal vez no lo estabas. Puede ser que entendieras tan bien como un niño a esa edad lo que Cristo hizo por ti en la cruz. Pero realmente no importa. Si confías solo en Cristo para que te salve, eres salvo sin importar cuándo cruzaste la línea".

Comprende que para cada creyente hay un segundo específico en el que cruzaron de la muerte a la vida. Pero el hecho de que un creyente no sepa cuándo fue ese segundo no significa que no sea salvo. En ninguna parte la Biblia enseña que a menos que uno pueda especificar la fecha en que vino a Cristo, no es salvo. De hecho, como también ya señalé, estoy personalmente convencido de que hay, literalmente, miles de creyentes que vinieron a Cristo antes o después de lo que pensaban.

Recuerdo claramente la noche en la granja lechera de mi papá cuando me arrodillé junto a mi cama y confié en Cristo para salvarme. Hasta donde yo sé, esa es la noche en que vine a Cristo. Pero cuando llegué al Colegio Bíblico de Filadelfia y descubrí que una vez que confías en Cristo, eres suyo para siempre y no puedes perder tu salvación, me quedé asombrado. Por lo tanto, hay días en los que me pregunto: "¿Realmente vine a Cristo esa noche en la granja lechera o vine a Cristo en mi primer año de universidad bíblica? ¿Realmente entendí que Él hizo el pago completo por mis pecados y nada podría cambiar eso?". Creo que lo hice. Pero a veces me pregunto si es cierto, porque cada vez que el firmamento se veía hermoso y pensaba en el cielo, le recordaba a Dios nuevamente que había confiado en Cristo. Mi respuesta es, no lo sé y tampoco importa. Todo lo que sé es que estoy confiando solo en Cristo para salvarme y por lo tanto, soy eternamente suyo, independientemente de cuándo crucé la línea. Estoy ansioso por verlo cara a cara y Él pueda decirme el momento exacto en el que sucedió.

Para la certeza de la salvación personal, la Escritura nunca se remonta a una fecha sino a un hecho. ¿En quién estás confiando ahora mismo como tu único camino a la vida eterna? Si estás confiando solo en Cristo, eres suyo para siempre, incluso si no estás seguro del momento en que ocurrió la adopción eterna en su familia. Cuando lo veas cara a cara, solo pregúntale. ¡Él sabrá decírtelo! Pero aunque no sepas el momento exacto, de ninguna manera significa que no eres salvo.

Si no lo confesas públicamente, no eres salvo.

A menudo, aquellos que hacen tal declaración se refieren a pasar delante de un cuerpo de creyentes y reconocer que estás confiando en Cristo.

Ponte en los zapatos de algunos cristianos. Es posible que hayan venido a Cristo en la privacidad de un hogar, en un pequeño estudio bíblico, mediante la lectura de un folleto cristiano o mediante una conversación con un amigo que les testificó uno a uno. Pero nunca han pasado adelante en una iglesia y lo han reconocido. Escuchar una declaración como la anterior les hace preguntarse: "¿Soy verdaderamente salvo?".

Un evangelista se hizo famoso por decir: "Hay dos condiciones para la salvación. Una es venir a Cristo y la otra es pasar al frente". Él estaba diciendo que ambos eran esenciales para la salvación.

Inmediatamente nos encontramos con dos problemas. Uno es que entonces el ladrón en la cruz a quien Cristo le dijo: "Hoy estarás conmigo en el paraíso" (Lucas 23:43) en realidad no fue salvo. ¿Cómo declaras públicamente a Cristo cuando estás clavado en una cruz? Algunos podrían argumentar que él confesó a Cristo públicamente porque sus palabras fueron registradas en las Escrituras. Pero algo dicho a Cristo personalmente, incluso si estuviera registrado en las Escrituras, no constituiría una profesión pública de Cristo. En segundo lugar, Juan 12:42 habla de aquellos que genuinamente vinieron a Cristo pero el temor les impidió reconocerlo públicamente: "Sin embargo, aun entre los gobernantes, muchos creían en Él, pero a causa de los fariseos no lo confesaban, para no ser expulsados de la sinagoga".

El apoyo para tal declaración a menudo se toma de Romanos 10:9-10: "Que si confesares con tu boca que Jesús es el Señor, y creyeres en tu corazón que Dios le levantó de los muertos, serás salvo. Porque con el corazón se cree para justicia, pero con la boca se confiesa para salvación". Personalmente, creo que la palabra "salvo" no se refiere a la salvación de la condenación, sino a la salvación de los daños del pecado en la vida actual. Es decir, si uno va a vivir una vida cristiana victoriosa, debe estar dispuesto a confesar a Cristo públicamente. Ser un cristiano silencioso no le permite a uno ser un cristiano victorioso.

Nuestra posición correcta ante Dios se hace con el corazón, no con la boca.

Pero independientemente de cómo uno interprete la palabra "salvo", una observación deja en claro que nuestra salvación eterna no depende de confesar a Cristo públicamente. El versículo diez dice: "Porque con el corazón se cree para justicia". La palabra traducida "justicia" es la forma sustantiva del verbo traducido "justifica" en Romanos 4:5: "Mas al que no obra, sino cree en aquel que justifica al impío, su fe le es contada por justicia". En el momento en que confiamos en Cristo, somos justificados, es decir, declarados justos ante los ojos de Dios. Su justicia se pone a nuestra cuenta: "con el corazón se cree para justicia". Nuestra posición correcta ante Dios se hace con el corazón, no con la boca. Confesar a Cristo públicamente (tan importante como eso) no tiene nada que ver con nuestra salvación eterna. También están los que son sinceros pero tímidos. Caminar frente a la gente los aterroriza. De hecho, una persona me dijo: "Me habría ido al infierno antes de pasar adelante". El "llamado al altar" lo aterrorizaba. Le di otro tipo de invitación, él confió en Cristo, y creció tanto que fue usado para llevar a otros cuatro al Salvador.

Es difícil crecer como cristiano si uno no declara abierta y públicamente que es cristiano donde, como y cuando Dios le dé la oportunidad. Uno debe expresar abiertamente su fe. Pero somos justificados ante Dios al confiar en Cristo para salvarnos, no a través de una confesión pública de Cristo.

Si no vives como cristiano, entonces no eres cristiano.

Cuando las personas examinan sus vidas en base a una declaración como esa, generalmente se comparan con alguien que consideran un mejor cristiano, lo que podría hacer que duden de su propia salvación.

El versículo que se usa para apoyar ese pensamiento (un versículo que se saca fácilmente de contexto) es Santiago 2:17: "Así también la fe, si no tiene obras, es muerta en sí misma". Por lo tanto, se concluye que si no estás viviendo como un cristiano, todavía estás muerto en tus delitos y pecados y estás sin Cristo.

Santiago está hablando a personas que están pasando por pruebas severas. Han perdido sus posesiones y han sido separados de sus seres queridos durante un tiempo de persecución. Santiago tiene miedo de que durante este tiempo no puedan vivir la vida que poseen. Por lo tanto, les está advirtiendo sobre el peligro de ser un cristiano con una fe muerta, una fe que no está viva en buenos términos. Sinceramente creo que si le hubieras dicho a Santiago: "¿Entonces estás diciendo que si una persona no tiene buenas obras, no es cristiana?" él habría dicho: "¿De dónde sacaste esa idea? Eso ni siquiera es de lo que estoy hablando". Incluso los llama "hermanos" y se refiere a su "hermano o hermana" lo que verifica que los respeta como creyentes (Santiago 2:14-15).

Incluso cuando usa la palabra "salvo" no se está refiriendo a la salvación espiritual, sino a la salvación física, terrenal. La palabra "salvo" en las Escrituras simplemente significa "salvo". *El contexto tiene que determinar el objeto, aquello de lo que nos salvamos.* Muchas veces en las Escrituras se habla de la salvación física, no de la salvación espiritual, como en Santiago 5:16 donde se nos dice: "La oración de fe salvará al enfermo". Pablo, el apóstol, habla de ser salvado de un naufragio cuando dice en Hechos 27:20: "Y no apareciendo ni sol ni estrellas por muchos días, y acosados por una tempestad no pequeña, ya habíamos perdido toda esperanza de salvarnos". Es el objeto de la palabra salvado lo que es importante. Aquí, en el capítulo dos de su epístola, Santiago está hablando de ser salvado del daño en términos de la vida terrenal y el testimonio personal.

Él quiere que sepan que durante este tiempo de dificultad, es importante no solo ser cristiano, sino también vivir como cristiano. Somos justificados ante Dios por medio de la fe, pero es a través de nuestras obras que las personas nos reconocen como quienes decimos que somos. No pueden ver nuestro corazón como lo hace Dios. Por eso Santiago dice: "Vosotros veis, pues, que el hombre es justificado por las obras, y no solamente por la fe" (Santiago 2:24). Santiago se refiere a la justificación ante los hombres, no a la justificación ante Dios. De ninguna manera Santiago está diciendo que si uno no vive como cristiano, entonces no es cristiano. Él está haciendo una pregunta de sentido común: "¿De qué sirve decir que tienes fe si no tienes obras?". Además, examina a aquellos en el Nuevo Testamento cuyas vidas fueron tan vergonzosas, pero su salvación no es cuestionada. El apóstol Pablo cita a una persona que vivía en una inmoralidad tan crasa que se acostaba con la esposa de su padre. Él dice: "De cierto se oye que hay entre vosotros fornicación, y tal fornicación cual ni aun se nombra entre los gentiles; tanto que alguno tiene la mujer de su padre" (1 Corintios 5:1). Pablo estaba diciendo: "Él está cometiendo el tipo de pecado que incluso los incrédulos no cometen". El hecho de que Pablo no dude de su salvación se ve en el versículo cinco: "El tal sea entregado a Satanás para destrucción de la carne, a fin de que el espíritu sea salvo en el día del Señor Jesús".

Él está haciendo una pregunta de sentido común: «¿De qué sirve decir que tienes fe si no tienes obras?».

Un capítulo más adelante, Pablo habla de creyentes que iban a enfrentarse unos contra otros. Él los reprende, pero no cuestiona su salvación: "Sino que el hermano con el hermano pleitea en juicio, y esto ante los incrédulos" (1 Corintios 6:6).

Sigue hasta el capítulo 11 donde Pablo habla de creyentes cuyas vidas eran tales que lo estaban deshonrando al participar de la cena del Señor. Incluso explica que Dios tuvo que juzgar a algunos de ellos con la muerte física. "Por lo cual hay muchos enfermos y debilitados entre vosotros, y muchos duermen" (v.30).

Al apoyar un énfasis como "Si no vives como cristiano, entonces no eres cristiano", a veces escucho a la gente decir: "Pero no quiero que alguien venga a Cristo solo porque quiere un seguro contra incendios. Quiero que viva como un cristiano. Honestamente, esa es la *única* razón por la que vine a Cristo. No sabía nada acerca de la vida abundante, crecer como cristiano o vivir una vida de agradecimiento a Dios. Simplemente sabía que había un infierno y no quería ir allí". Lo que en realidad queremos decir es: "Quiero ver a la gente venir a Cristo y luego vivir como un cristiano". Todos lo hacemos. Pero tengamos cuidado de cómo decimos eso y no impongamos a los incrédulos cosas que solo entenderán después de saber que han sido rescatados del infierno. El miedo al infierno es una excelente razón para venir a Cristo.

En ninguna parte la Biblia enseña que si uno no vive como cristiano, no es cristiano. Uno puede alejarse del Señor tal como un niño puede alejarse de sus padres. Una vez más, eso significa que si uno no vive como cristiano, no debe preguntarse: "¿Soy realmente un creyente?". No. Esa es una buena pregunta, pero no puede ser la base sobre la cual decidimos si conocemos al Señor o no. Las preguntas: "¿He confiado en Cristo?" y "¿Estoy creciendo y viviendo como un cristiano?" son dos preguntas separadas que deben mantenerse separadas para evitar dudas y confusiones acerca de nuestra salvación.

Uno puede alejarse del Señor tal como un niño puede alejarse de sus padres.

Si no amas a los demás, no eres cristiano.

El razonamiento dice, Dios es amor. Una vez que vienes a Él, puedes amar a los demás de la forma en que Él te ha amado. Si te encuentras incapaz de hacer eso, entonces probablemente no seas salvo.

El pasaje que se usa a menudo para apoyar ese pensamiento es 1 Juan 4:20-21. "Si alguno dice: Yo amo a Dios, y aborrece a su hermano, es mentiroso. Pues el que no ama a su hermano a quien ha visto, ¿cómo puede amar a Dios a quien no ha visto? Y nosotros tenemos este mandamiento de él: El que ama a Dios, ame también a su hermano".

Es necesario hacer notar que 1 Juan fue escrito para decirnos cómo tener comunión con el Salvador. Él reconoce ese como su propósito en los versículos tres y cuatro del capítulo inicial: "Lo que hemos visto y oído, eso os anunciamos, para que también vosotros tengáis comunión con nosotros; y nuestra comunión verdaderamente es con el Padre, y con su Hijo Jesucristo. Estas cosas os escribimos, para que vuestro gozo sea cumplido".

En otras palabras, el Evangelio de Juan fue escrito para decirnos cómo llegar a Dios, creyendo, y usa la palabra "creer" 98 veces.

La Epístola de 1 Juan fue escrita para decirnos cómo acercarnos a aquel a quien hemos venido y tener una comunión íntima con Él y usa la palabra "permanecer" 24 veces. Llegas a Cristo creyendo; te acercas a Él a través de la permanencia.

Una cosa que distingue a los que permanecen en Cristo es la capacidad de amarse unos a otros. Es a través de nuestra cercanía con Él que nos enseña a amar a los demás como Él nos ha amado.

Por eso 1 Juan 4:20 no habla del que conoce a Dios y odia a su hermano, sino del que ama a Dios y odia a su hermano. Puedes conocer a Dios y odiar a tu hermano. ¿Cuántos cristianos conoces que lo hagan? Pero no puedes amar a Dios y odiar a tu hermano. Si amas al Padre, tienes que amar a la familia. Incluso el hecho de que Juan le hable a la persona que necesita amar a su "hermano" está reconociendo el hecho de que ambos son creyentes.

Pero no puedes amar a Dios y odiar a tu hermano.

De ninguna manera la Biblia dice que si uno no ama a los demás, no es creyente. Él está rogando a todos aquellos que son creyentes que respondan a los demás de la forma en que Dios nos ha respondido a nosotros: "Amados, si Dios nos ha amado así, debemos también nosotros amarnos unos a otros" (1 Juan 4:11).

Si no hay fruto, es porque no hay raíz.

La idea que se da es que si uno no está dando fruto como creyente, es porque su fe no está arraigada en Cristo, y en realidad no es un creyente. La Escritura que se usa a menudo para apoyar tal pensamiento es Mateo 7:20: "Así que, por sus frutos los conoceréis".

Al vender bienes raíces, a los vendedores se les dice que el problema siempre es "ubicación, ubicación, ubicación". Al interpretar las Escrituras, el tema siempre es "contexto, contexto, contexto". La palabra "fruto" puede significar diferentes cosas en las Escrituras, según el contexto en el que se use. En Mateo 7, el contexto es falsos profetas. Cinco versículos antes, Cristo comenzó: "Guardaos de los falsos profetas, que vienen a vosotros con vestidos de ovejas, pero por dentro son lobos rapaces. Por sus frutos los conoceréis. ¿Acaso se recogen uvas de los espinos, o higos de los abrojos? Así, todo buen árbol da buenos frutos, pero el árbol malo da frutos malos. No puede el buen árbol dar malos frutos, ni el árbol malo dar frutos buenos. Todo árbol que no da buen fruto es cortado y echado en el fuego".

Al interpretar las Escrituras, el tema siempre es "contexto, contexto, contexto".

La palabra "fruto" aquí no se refiere a lo que sale de la vida de una persona sino a lo que sale de sus labios. Fruto se refiere a la falsa doctrina de los falsos profetas y lo que produce. Lo que es falso acerca de ellos no son sus obras. Si no vivieran, actuaran y hablaran como cristianos, ¿quién les creería? De hecho, visten "ropa de oveja". Su falsedad se encuentra en lo que están enseñando.

La audiencia judía a la que se dirigía Cristo habría pensado inmediatamente en dos pasajes del Antiguo Testamento. Uno se refiere a un falso profeta cuya profecía realmente se cumplió (Deuteronomio 13:1-5), el otro a un falso profeta cuya profecía no se cumplió (Deuteronomio 18:20-22). En ambas situaciones el énfasis no está en cómo vivió el profeta, sino en lo que enseñó. En un texto paralelo, Lucas 6:43-45 se identifica el fruto como las palabras de la persona.

Por eso continúa diciendo (en Mateo 7:21-23): "No todo el que me dice: Señor, Señor, entrará en el reino de los cielos, sino el que hace la voluntad de mi Padre que está en los cielos. Muchos me dirán en aquel día: Señor, Señor, ¿no profetizamos en tu nombre, y en tu nombre echamos fuera demonios, y en tu nombre hicimos muchos milagros? Y entonces les declararé: Nunca os conocí; apartaos de mí, hacedores de maldad".

Tenga en cuenta que todo lo que hicieron fue honrar a Dios: profetizar, echar fuera demonios, muchas obras maravillosas. ¿Qué cosas más grandes podrían hacer? El problema era que ellos dependían de esas buenas obras para tener una posición correcta ante Dios. Ese fue un mensaje falso que enseñaron los falsos profetas.

En cambio, como explicó Cristo, para entrar en el reino de los cielos, tenían que hacer "la voluntad de mi Padre que está en los cielos". La "voluntad de mi Padre" se define en las propias palabras de Cristo en Juan 6:40: "Y esta es la voluntad del que me ha enviado: Que todo aquel que ve al Hijo, y cree en él, tenga vida eterna; y yo le resucitaré en el día postrero". Recibir la vida eterna no es cuestión de hacer algo, sino de confiar en alguien, solo en Jesucristo, para salvarnos.

Un cristiano debe dar fruto como creyente. Pero el hecho de que no haya fruto no significa necesariamente que no haya raíz y Mateo 7:20 ciertamente no enseña eso. Puede haber varias razones por las que un creyente no ha dado fruto: falta de crecimiento o estímulo, no pasar suficiente tiempo en la Palabra, circunstancias y pruebas personales, ausencia de compañerismo con otros creyentes, etc.

La carnalidad significa que no eres cristiano.

Tal enseñanza enfatizaría que si uno es carnal, significa que nunca fue cristiano. En otras palabras, un cristiano carnal no puede ni debe tener certeza de su salvación.

Carnalidad significa ser gobernado por la carne o por la naturaleza caída que reside dentro de cada persona, incluso después de venir a Cristo. Por eso el apóstol Pablo testificó: "Y yo sé que en mí, esto es, en mi carne, no mora el bien; porque el querer el bien está en mí, pero no el hacerlo. Porque no hago el bien que quiero, sino el mal que no quiero, eso hago. Y si hago lo que no quiero, ya no lo hago yo, sino el pecado que mora en mí" (Romanos 7:18-20). Sin embargo, en ninguna parte de las Escrituras la carnalidad elimina la certeza de la salvación. Probablemente no haya ningún párrafo en las Escrituras que lo aclare más que 1 Corintios 3:1-4, un pasaje que deja en claro que una persona puede ser carnal y, sin embargo, ser un creyente genuino:

Sin embargo, en ninguna parte de las Escrituras la carnalidad elimina la certeza de la salvación.

"De manera que yo, hermanos, no pude hablaros como a espirituales, sino como a carnales, como a niños en Cristo. Os di a beber leche, y no vianda; porque aún no erais capaces, ni sois capaces todavía, porque aún sois carnales; pues habiendo entre vosotros celos, contiendas y disensiones, ¿no sois carnales, y andáis como hombres? Porque diciendo el uno: Yo ciertamente soy de Pablo; y el otro: Yo soy de Apolos, ¿no sois carnales?".

El hecho de que Pablo los llame "hermanos" significa que los considera creyentes genuinos, un saludo que nunca incluye a las personas no regeneradas. Son simplemente niños en Cristo, término que en sí mismo indica la seguridad que pueden tener de ser creyentes. Sin embargo, su espiritualidad carece de tal profundidad que no pueden recibir el alimento fuerte de la Palabra sino solo la "leche". Esta carnalidad se vio en su propensión a enfatizar los líderes humanos y pasar por alto el hecho de que todos somos uno en el cuerpo de Cristo y de igual importancia para Él.

¿Puede una persona estar actuando de manera carnal porque nunca ha venido a Cristo? ¡Por supuesto! Es por eso que las dos preguntas mencionadas anteriormente deben mantenerse separadas: En primer lugar: ¿He confiado solo en Cristo para salvarme? Y en segundo lugar: ¿Estoy creciendo y actuando como cristiano? Pero si hemos confiado sinceramente en Cristo, ser carnales como creyentes no erosiona nuestra seguridad eterna o la certeza que podemos tener de que somos suyos. Sin embargo, debemos tomar en serio nuestra carnalidad y progresar espiritualmente de tal manera que podamos recibir el alimento de la Palabra.

Conclusión

Siempre que escuchemos algo, debemos hacer lo que hizo la gente de Berea en Hechos 17:11 al escuchar a Pablo y Silas. Se nos dice: "... recibieron la palabra con toda solicitud, escudriñando cada día las Escrituras para ver si estas cosas eran así".

Cuando uno pregunta sobre las creencias mencionadas: «¿Es eso lo que enseña la Biblia?", la respuesta es un rotundo "No". Son simplemente declaraciones o dichos que nuestro enemigo Satanás quiere usar para quitarnos la certeza de nuestra salvación. Pocas cosas irritan más a nuestro enemigo que un creyente camine por la vida con la emoción de saber que una vez que pertenece a Dios, nada puede cambiar eso.

* * *

PREGUNTAS PARA REFLEXIONAR

1. ¿Qué debe hacer una persona si tiene dudas sobre su salvación?

2. ¿Por qué no es esencial saber la fecha en que fuiste salvo?

3. ¿Por qué confesar a Cristo públicamente no es una condición para la salvación?

4. ¿Dónde en el Nuevo Testamento hay casos de creyentes cuyas vidas no siempre fueron vividas en obediencia a Cristo?

5. ¿Cuál es la diferencia entre el propósito del Evangelio de Juan y la epístola de 1 Juan, y cómo se evidencia eso?

ENTENDIENDO PÁRRAFOS DIFÍCILES

CAPÍTULO DIEZ

Párrafos que pueden confundirnos

Si no se interpretan en su contexto, muchos párrafos de las Escrituras pueden hacer que uno se pregunte si es salvo. Algunos, incluso, si no se entienden correctamente, podrían traer incertidumbre en cuanto a si Dios mismo no nos *motiva* a dudar de nuestra salvación. Sin embargo, si se entienden correctamente, en lugar de quitarnos la seguridad y la certeza de nuestra salvación, estos pasajes contribuyen con ella.

Antes de mirar estos párrafos, se debe enfatizar algo. La Biblia no se contradice a sí misma. Por lo tanto, es un principio de interpretación bíblica que siempre permitas que lo claro interprete lo que no está claro.

Por ejemplo, hay seis versículos en la Biblia que *parecen* enseñar que el bautismo salva, dando la impresión de que a menos que uno sea bautizado no recibe la vida eterna. Sin embargo, más de cien versículos afirman muy claramente que eres salvo solo por la fe. Lo claro siempre tiene que interpretar lo no claro. Entonces, lo que sea que digan esos seis versículos, no cambia el hecho de que uno es salvo solo por la fe en Cristo. El bautismo no tiene valor salvador. Es simplemente el primer paso del discipulado después de que una persona ha confiado en Cristo. Cuando uno mira esos seis versículos con eso entendido, encuentra una explicación alternativa de ellos en su contexto apropiado. Esa interpretación revela que esos versículos están diciendo algo más que enseñar que el bautismo salva.

Del mismo modo, al examinar párrafos que podrían causar que alguien cuestione su salvación, lo claro debe interpretar lo que no está claro. Los pasajes que enseñan que uno está seguro para siempre por la fe en un Salvador resucitado son inconfundibles y abundantes.

Pero, ¿dónde están esos párrafos que hacen que algunos cuestionen su salvación, y por qué no necesitamos confundirnos?

¿Qué pasa con la parábola del sembrador y la semilla?

Algunos se inclinan a pensar que no hay salvación a menos que haya crecimiento en nuestras vidas. Veamos primero la parábola y luego la explicación del Señor.

"El sembrador salió a sembrar su semilla; y mientras sembraba, una parte cayó junto al camino, y fue hollada, y las aves del cielo la comieron. Otra parte cayó sobre la piedra; y nacida, se secó, porque no tenía humedad. Otra parte cayó entre espinos, y los espinos que nacieron juntamente con ella, la ahogaron. Y otra parte cayó en buena tierra, y nació y llevó fruto a ciento por uno. Hablando estas cosas, decía a gran voz: El que tiene oídos para oír, oiga" (Lucas 8:5-8).

"Esta es, pues, la parábola: La semilla es la palabra de Dios. Y los de junto al camino son los que oyen, y luego viene el diablo y quita de su corazón la palabra, para que no crean y se salven. Los de sobre la piedra son los que habiendo oído, reciben la palabra con gozo; pero estos no tienen raíces; creen por algún tiempo, y en el tiempo de la prueba se apartan. La que cayó entre espinos, estos son los que oyen, pero yéndose, son ahogados por los afanes y las riquezas y los placeres de la vida, y no llevan fruto. Mas la que cayó en buena tierra, estos son los que con corazón bueno y recto retienen la palabra oída, y dan fruto con perseverancia" (Lucas 8:11-15).

Varias observaciones. En general, las parábolas siempre fueron diseñadas para enseñar una verdad simple, similar a cuando un orador usa una ilustración, porque eso es lo que eran las parábolas: ilustraciones para dar a conocer la verdad bíblica. Separar las parábolas en lugar de captar la "idea principal" de cada parábola es perder de vista el punto que Cristo estaba expresando.

Separar las parábolas en lugar de captar la "idea principal" de cada parábola es perder de vista el punto que Cristo estaba expresando.

Aquí la simple verdad que se enseña es que la razón por la que hay diferentes respuestas a las Escrituras es por la *diferencia en el suelo, no por la semilla*, es decir, la Palabra de Dios. Los corazones de las personas difieren, por lo tanto, hay diferentes respuestas. No habría que decir nada más. Usar los detalles de la parábola y analizar los personajes es perder el propósito y el punto del pasaje. No lea más en una parábola que lo que Jesús estaba enseñando.

Sin embargo, dicho esto, vale la pena señalar que en todos los suelos, excepto en el primero que se declara incrédulo: "para que no crean y se salven", resultó una nueva vida. Por lo tanto, se podría suponer que los tres restantes son creyentes. La segunda semilla que cayó sobre la roca se secó porque no estaba lo suficientemente arraigada para resistir la tentación. El tercero, el que cayó entre espinas, no llegó a la madurez por estar ahogado por los cuidados, riquezas y placeres de la vida. El cuarto es lo que deseas que sea cada creyente: uno que recibe la Palabra, da fruto, crece y sigue así.

Por lo tanto, usar esta parábola para cuestionar la salvación de una persona, omitiendo lo que realmente quiere decir, es hacer un uso inapropiado de las Escrituras. Inclusive, si uno aplica los detalles de esa manera, los últimos tres son creyentes en diferentes aspectos en su caminar y crecimiento espiritual.

¿No enseña Juan 15:6 que Dios podría echarnos fuera si no damos frutos, lo que significa que ya no somos salvos o que nunca lo fuimos?

Este versículo está ubicado en el contexto del discipulado, no de la salvación: "El que en mí no permanece, será echado fuera como pámpano, y se secará; y los recogen, y los echan en el fuego, y arden".

Tenga en cuenta que Jesús se dirige a sus discípulos (Juan 13:1,23). Siete veces dentro de los primeros ocho versículos de Juan 15 aparece la palabra "permanecer" que, como hemos discutido y mencionaremos nuevamente, tiene que ver con la comunión con Cristo, no con la salvación.

El párrafo habla del proceso de poda. La madera muerta se corta. Las ramas que están dando fruto se cortan para que los racimos de uvas sean ricos y llenos. Los pámpanos tienen que poder sacar savia de la vid.

Cristo desea que seamos fructíferos. Dos versículos más adelante dice: "En esto es glorificado mi Padre, en que llevéis mucho fruto; y seáis así mis discípulos". Es solo cuando permanecemos en Cristo que somos fructíferos ya que tomamos de su fuerza, no de la nuestra. Los discípulos que no permanecen en Él pueden sufrir la disciplina divina para moverlos hacia la fecundidad. Él dice en el versículo dos: "Todo pámpano que en mí no lleva fruto, lo quitará; y todo aquel que lleva fruto, lo limpiará, para que lleve más fruto". Dado que el contexto es discipulado, aquí, "fuego" debe tomarse como una representación de esta disciplina divina, no el fuego literal del infierno. Tenga en cuenta la progresión. Está la pérdida de la comunión, "él es echado fuera como un pámpano". La pérdida de la vitalidad espiritual, "y se seca". Y la disciplina divina, "los recogen y los echan al fuego, y arden".

Es solo cuando permanecemos en Cristo que somos fructíferos ya que tomamos de su fuerza, no de la nuestra.

Aquellos que son fructíferos tienen la experiencia opuesta. En el versículo dos Él dijo: "Todo aquel (pámpano) que lleva fruto, lo limpiará, para que lleve más fruto". La palabra griega para "limpiar" es la misma para "podar". Los jornaleros de las viñas tenían que limpiar las ramas de los depósitos de insectos, musgo y otros parásitos que podían entorpecer la fructificación. Dios usa la Palabra en nuestras vidas para limpiarnos de cosas que obstaculizarían nuestra fecundidad. Por eso Él dijo en el versículo tres: "Ya vosotros estáis limpios por la palabra que os he hablado".

Cristo de ninguna manera está causando que un creyente dude de su salvación, sino que nos está recordando cuán importante es permanecer en Él para ser fructíferos. Declaró con tanta fuerza: "Separados de mí, nada podéis hacer" (v.5).

Si no podemos perder nuestra salvación, ¿por qué el apóstol Pablo les dice a algunos: "Habéis caído de la gracia"?

Después de que Pablo predicó el evangelio de la gracia, algunos con mentalidad legalista trataron de pervertir ese mensaje (Gálatas 1:7). Intentaron enseñar que, junto con la fe en Cristo, el creyente necesitaba guardar la ley y ser circuncidado para estar bien con Dios. Pablo comienza en el capítulo cinco, versículo uno, instándolos: "Estad, pues, firmes en la libertad con que Cristo nos hizo libres, y no estéis otra vez sujetos al yugo de esclavitud". Incluso, explicó que si uno iba a guardar la ley, tendría que guardar toda la ley (v.3). Es entonces cuando dice: "De Cristo os desligasteis, los que por la ley os justificáis; de la gracia habéis caído" (v.4).

Él no está hablando de la pérdida de la salvación, sino de dejar un enfoque de gracia por un enfoque de vivir la vida cristiana que no los liberará efectivamente de la influencia del pecado en la vida cotidiana.

El punto de Pablo es, que dado que es imposible ser justificado por buenas obras de nuestra parte, tales como guardar la ley, respaldar tal pensamiento es abandonar o alejarse del evangelio de la gracia. Él no está hablando de la pérdida de la salvación, sino de dejar un enfoque de gracia por un enfoque de vivir la vida cristiana que no los liberará efectivamente de la influencia del pecado en la vida cotidiana. Una analogía sería por ejemplo, cuando un creyente deja una iglesia que enseña la salvación por gracia y se une a una que enseña que la salvación depende de algo que hayamos hecho, como: buenas obras, el bautismo y la asistencia a la iglesia, en lugar de lo que Cristo ha hecho por nosotros. Tal creyente no ha perdido su salvación sino que ha "caído de la gracia". Ha perdido el enfoque de gracia de la salvación.

¿No enseña Colosenses 1:21-23 que tenemos que permanecer en la fe para ser salvos?

Al leer este pasaje, algunos supondrán que una persona solo sabe que irá al cielo si "permanece en la fe".

"Y a vosotros también, que erais en otro tiempo extraños y enemigos en vuestra mente, haciendo malas obras, ahora os ha reconciliado en su cuerpo de carne, por medio de la muerte, para presentaros santos y sin mancha e irreprensibles delante de él; si en verdad permanecéis fundados y firmes en la fe, y sin moveros de la esperanza del evangelio que habéis oído, el cual se predica en toda la creación que está debajo del cielo; del cual yo Pablo fui hecho ministro".

Pablo declaró claramente que los creyentes en Colosas fueron reconciliados con Cristo a través de su muerte para que Él pudiera presentarlos "santos y sin mancha e irreprensibles delante de Él". No quería que se detuvieran en la conversión. En cambio, quería que llegaran a la madurez y llevaran vidas santas. Cinco versículos más adelante explica: "A quien anunciamos, amonestando a todo hombre, y enseñando a todo hombre en toda sabiduría, a fin de presentar perfecto en Cristo Jesús a todo hombre".

La palabra griega para "perfecto" significa "maduro". Solo si superan su conversión y alcanzan la madurez, estarán preparados para comparecer ante Dios como santos, irreprensibles e irreprochables a su vista. Él quiere que sean irreprensibles en la forma en que amonestó a los líderes de la iglesia en 1 Timoteo 3:2: "Pero es necesario que el obispo sea irreprensible, marido de una sola mujer, sobrio, prudente, decoroso, hospedador, apto para enseñar".

Ahora se nos insta a crecer hasta la madurez, aferrarnos al evangelio que nos salvó y permanecer firmes para que un día podamos estar delante de Él con una vida que le agrade.

Eso solo sucederá si "continúan en la fe, cimentados y firmes, y no se apartan de la esperanza del evangelio". Sus oídos deben estar cerrados a los falsos maestros mientras permanecen firmes en la verdad del evangelio.

En lugar de enseñar que solo somos salvos si continuamos en la fe, este versículo nos asegura que somos reconciliados con Dios a través de la muerte de Cristo en la cruz. Nuestra salvación está resuelta. Ahora se nos insta a crecer hasta la madurez, aferrarnos al evangelio que nos salvó y permanecer firmes para que un día podamos estar delante de Él con una vida que le agrade.

¿No nos advierte 1 Corintios 6:9-10 que si practicamos ciertos pecados viles podemos perder nuestra salvación o puede que nunca la hayamos tenido?

Cuando Pablo escribe a los corintios, les dice: "¿No sabéis que los injustos no heredarán el reino de Dios? No erréis; ni los fornicarios, ni los idólatras, ni los adúlteros, ni los afeminados, ni los que se echan con varones, [10] ni los ladrones, ni los avaros, ni los borrachos, ni los maldicientes, ni los estafadores, heredarán el reino de Dios".

Primero, dado que la palabra "heredar" a veces se usa en las Escrituras para hablar de recompensas (Colosenses 3:24; 2 Timoteo 2:11-13), se podría argumentar que Pablo está diciendo que aquellos creyentes que practican pecados tan viles perderán recompensas eternas en el reino eterno. Todos los creyentes van al cielo, pero son los fieles los que serán recompensados, tal como discutiremos más adelante.

A la luz del contexto, la explicación más probable es que Pablo simplemente les está diciendo a los creyentes que no actúen como incrédulos. En el párrafo anterior, los reprende como creyentes por ir a juicio unos contra otros y demandarse unos a otros. En los versículos seis y siete dice: "sino que el hermano con el hermano pleitea en juicio, y esto ante los incrédulos? Así que, por cierto es ya una falta en vosotros que tengáis pleitos entre vosotros mismos. ¿Por qué no sufrís más bien el agravio? ¿Por qué no sufrís más bien el ser defraudados?". Luego, en el siguiente versículo dice: "Y esto erais algunos; mas ya habéis sido lavados, ya habéis sido santificados, ya habéis sido justificados en el nombre del Señor Jesús, y por el Espíritu de nuestro Dios".

A la luz del contexto, la explicación más probable es que Pablo simplemente les está diciendo a los creyentes que no actúen como incrédulos.

De ninguna manera está diciendo que nunca fueron salvos. Tampoco está diciendo que perdieron su salvación. Él está nombrando algunas cosas que los no cristianos, los cuales ni siquiera entrarán al reino, suelen hacer, eso no debería ser parte de la vida de un creyente, incluyendo ir a la corte unos contra otros.

Dado que 1 Corintios 9:27 enseña que podríamos quedar "eliminados", ¿no significa eso que podríamos perder nuestra salvación?

A veces, una sola palabra en un versículo puede hacer que uno llegue a conclusiones equivocadas y malinterprete su significado a menos que lea el párrafo completo. En este caso, es el párrafo en el que se encuentra el término "eliminados" lo que permite entender el uso de esta palabra por parte de Pablo.

Habiendo alentado a otros a soportar y ser usados por el Señor, Pablo quiere disciplinarse a sí mismo para no ser desaprobado y perder la recompensa.

"¿No sabéis que los que corren en el estadio, todos a la verdad corren, pero uno solo se lleva el premio? Corred de tal manera que lo obtengáis. Todo aquel que lucha, de todo se abstiene; ellos, a la verdad, para recibir una corona corruptible, pero nosotros, una incorruptible. Así que, yo de esta manera corro, no como a la ventura; de esta manera peleo, no como quien golpea el aire, sino que golpeo mi cuerpo, y lo pongo en servidumbre, no sea que habiendo sido heraldo para otros, yo mismo venga a ser eliminado" (1 Corintios 9:24-27).

La palabra griega "eliminado" tiene la idea de "desaprobado después de la prueba". Las palabras "premio" y "corona" representan la recompensa que uno recibe por estar dispuesto a sufrir y soportar en el nombre y por causa de Cristo. Basado en el contexto, parte de esa recompensa puede ser la recompensa de ser usado para guiar a otros a Jesús. En el versículo 22 declaró: "A todos me he hecho de todo, para que de todos modos salve a algunos". Habiendo alentado a otros a soportar y ser usados por el Señor, Pablo quiere disciplinarse a sí mismo para no ser desaprobado y perder la recompensa.

El párrafo desafía a los creyentes a la constancia y la resistencia, sin amenazarlos de ninguna manera con la posible pérdida de su salvación.

¿No dice 2 Corintios: "Examinaos a vosotros mismos si estáis en la fe"?

Si no se entiende correctamente, este pasaje puede interpretarse fácilmente como: "Es mejor que te mires a ti mismo. Puede que no seas cristiano después de todo". Un pasaje clave usado para sugerir esto es 2 Corintios 13:5: "Examinaos a vosotros mismos si estáis en la fe; probaos a vosotros mismos. ¿O no os conocéis a vosotros mismos, que Jesucristo está en vosotros, a menos que estéis reprobados?".

¿No les estaba advirtiendo que miraran sus vidas para determinar si eran verdaderamente salvos?

Lo que lo hace dudoso es que en su primera carta se dirige a ellos como "los santificados en Cristo Jesús, "enriquecidos en él, en toda palabra y toda ciencia", "esperando la manifestación de nuestro Señor Jesucristo", y "llamados a la comunión con su Hijo Jesucristo nuestro Señor" (1 Corintios 1:2,5,7,9).

Una vez más, el contexto resuelve el problema y le da el significado adecuado al texto.

Una vez más, el contexto resuelve el problema y le da el significado adecuado al texto. Pablo se pone a la defensiva. Los corintios estaban desafiando la autoridad de Pablo. Dos versículos antes, en 2 Corintios 13:3 dijo: "Buscáis una prueba de que habla Cristo en mí". Un capítulo antes tuvo que recordarles las pruebas de su apostolado (12:12) y agonizaba por el hecho de que cuanto más los amaba, menos lo amaban ellos (12:15).

Lo que está diciendo aquí es: "¡Examinaos a vosotros mismos en lugar de a mí!". Él dijo: "¿No os conocéis a vosotros mismos, que Jesucristo está en vosotros, a menos que estéis reprobados?". La palabra "reprobados" no significa "a menos que no seas cristiano". Significa "ser desaprobado". Es una palabra que Pablo usó de sí mismo en el área de ser recompensado por un servicio fiel. "Sino que golpeo mi cuerpo y lo pongo en servidumbre, no sea que habiendo sido heraldo para otros, yo mismo venga a ser eliminado" (1 Corintios 9:27).

Pablo no está cuestionando su salvación. En cambio, está expresando la necesidad de vivir una vida que honre a Dios y que manifieste a Cristo obrando en y a través de ellos. Al hacerlo, no serán reprobados en términos de merecer la recompensa eterna. A la luz de todas las "contiendas, envidias, iras, divisiones, maledicencias, murmuraciones, soberbias, desórdenes... inmundicia, fornicación y lascivia" que existían dentro de la iglesia de Corinto, esa fue ciertamente una advertencia necesaria (2 Corintios 12:20-21). Sin embargo, de ninguna manera los está animando a dudar de su salvación.

¿No anima Hebreos 3:12-14 a dudar de la salvación o incluso presenta la posibilidad de perderla?

Varios pasajes en el libro de Hebreos hacen que algunos se pregunten si, a menos que se cumplan ciertas condiciones, uno debería dudar de su salvación. Hebreos 3:12-14 es ciertamente uno de ellos. Una vez más, veamos el pasaje:

"Mirad, hermanos, que no haya en ninguno de vosotros corazón malo de incredulidad para apartarse del Dios vivo; antes exhortaos los unos a los otros cada día, entre tanto que se dice: Hoy; para que ninguno de vosotros se endurezca por el engaño del pecado. Porque somos hechos participantes de Cristo, con tal que retengamos firme hasta el fin nuestra confianza del principio".

¿No es cierto que la frase "con tal que mantengamos firme hasta el fin nuestra confianza del principio" pone "en duda" la salvación y la certeza de ella?

El contexto de estos versículos es el fracaso de Israel que resultó en 40 años de vagar por el desierto (3:7-11). El escritor de Hebreos quería que sus lectores se guardaran de la dureza de corazón que caracterizaba a los israelitas en el desierto. Por eso, dice: "exhortaos los unos a los otros cada día… para que ninguno de vosotros se endurezca por el engaño del pecado".

El privilegio de gobernar en el futuro con Cristo en su Reino, implica aferrarnos a nuestra confianza y esperanza hasta el final.

"Participantes de Cristo" podría traducirse como "socios de Cristo". Lo que el escritor quiere decir con ser socios de Cristo, el Rey mesiánico, se ve retrocediendo a los versículos cinco y seis del mismo capítulo. "Y Moisés a la verdad fue fiel en toda la casa de Dios, como siervo, para testimonio de lo que se iba a decir; pero Cristo como hijo sobre su casa, la cual casa somos nosotros, si retenemos firme hasta el fin la confianza y el gloriarnos en la esperanza".

Moisés fue fiel en el ejercicio de sus responsabilidades dentro del tabernáculo, que no era más que una sombra sobre la casa donde preside Cristo. Los creyentes también compartirán con Cristo su dominio eterno sobre el orden creado. El privilegio de gobernar con Cristo en su futuro reino implica aferrarnos a nuestra confianza y esperanza hasta el final

De ninguna manera el escritor de Hebreos duda de la salvación de ellos, ni los alienta a que tengan dudas al respecto. Simplemente está afirmando que el privilegio de servir con Cristo y de alguna manera gobernar con Él se basa en permanecer fiel a Él. Un pensamiento similar se expresa en Apocalipsis 2:26-27: "Y al que venciere y guardare mis obras hasta el fin, yo le doy potestad sobre las naciones, y las regirá con vara de hierro…".

¿No es posible, a la luz de Hebreos 6:4-6, "gustar" la salvación, pero en realidad no tenerla?

Irónicamente, un párrafo que nos asegura nuestra salvación ha hecho que algunos duden de la suya.

"Porque es imposible que los que una vez fueron iluminados y gustaron del don celestial, y fueron hechos partícipes del Espíritu Santo, y asimismo gustaron de la buena palabra de Dios y los poderes del siglo venidero, y recayeron, sean otra vez renovados para arrepentimiento, crucificando de nuevo para sí mismos al Hijo de Dios y exponiéndole a vituperio".

Hay que señalar tres palabras. La palabra *"gustaron"* es la misma palabra griega usada para Cristo en Hebreos 2:9: "Pero vemos a aquel que fue hecho un poco menor que los ángeles, a Jesús, coronado de gloria y de honra, a causa del padecimiento de la muerte, para que por la gracia de Dios gustase la muerte por todos". Al "gustar" la muerte, Cristo no estuvo cerca de morir, en realidad murió. "Gustaron" era un modismo establecido para la experiencia de conocer al Señor. Pedro dice: "Desead como niños recién nacidos la leche espiritual no adulterada, para que de ella crezcáis para salvación, si es que habéis gustado la benignidad del Señor" (1 Pedro 2:2-3).

La palabra *iluminado* es la misma palabra traducida como "iluminado" en Hebreos 10:32 para describir la experiencia de conversión genuina de los lectores. "Pero traed a la memoria los días pasados, en los cuales, después de haber sido iluminados, sostuvisteis gran combate de padecimientos".

Participantes se usa para hablar a los creyentes acerca de su llamado celestial en Hebreos 3:1, incluso, llamándolos "hermanos santos": "Por tanto, hermanos santos, participantes del llamamiento celestial, considerad al apóstol y sumo sacerdote de nuestra profesión, Cristo Jesús".

Los creyentes están a la vista en Hebreos 6:4-6. El autor retrata a un creyente que se ha desviado del Señor. Esto encaja con el tema de Hebreos que es "No podemos volver atrás; debemos seguir adelante", ya que está escrito para aquellos que podían vacilar en su caminar con el Señor de la misma manera que lo hicieron los israelitas en el desierto. Sólo tres versículos después el escritor dijo: "Pero en cuanto a vosotros, oh amados, estamos persuadidos de cosas mejores, y que pertenecen a la salvación, aunque hablamos así. Porque Dios no es injusto para olvidar vuestra obra y el trabajo de amor que habéis mostrado hacia su nombre, habiendo servido a los santos y sirviéndoles aún. Pero deseamos que cada uno de vosotros muestre la misma solicitud hasta el fin, para plena certeza de la esperanza, a fin de que no os hagáis perezosos, sino imitadores de aquellos que por la fe y la paciencia heredan las promesas".

El pasaje muestra a un cristiano que se aleja tanto de Dios que es imposible renovarlo para el arrepentimiento, para llevarlo a un cambio de mentalidad. 1 Juan 5:16-17 advierte de esa posibilidad cuando dice: "Si alguno viere a su hermano cometer pecado que no sea de muerte, pedirá, y Dios le dará vida; esto es para los que cometen pecado que no sea de muerte. Hay pecado de muerte, por el cual yo no digo que se pida. Toda injusticia es pecado; pero hay pecado no de muerte". Un cristiano que se aleja tanto de Dios puede enfrentar el peligro del juicio divino cuando Dios lo disciplina con la muerte física.

¿Por qué es necesario tal juicio? Porque los cristianos que se alejan tanto de Dios "crucifican de nuevo para sí mismos al Hijo de Dios y lo avergüenzan abiertamente". Se acercan a Cristo de la manera en que lo hicieron aquellos que lo crucificaron y exponen a Cristo a la vergüenza pública. Como son creyentes, invitan al juicio de Dios sobre sus vidas. El escritor de Hebreos no especifica qué forma puede tomar la disciplina, ya sea enfermedad, muerte o penalidades de cualquier tipo. Simplemente advierte del peligro de la disciplina por la forma en que están deshonrando el nombre de Cristo. Como dijo una vez mi mentor Haddon Robinson: "Si un hombre no camina con Dios, camina al borde de un abismo". Nunca es algo sin importancia alejarse de Dios. En los versículos siete y ocho incluso da una analogía con la que podrían identificarse: la quema de un campo para destruir el crecimiento infructuoso y para que pudiera comenzar la fructificación.

Nunca es algo sin importancia alejarse de Dios.

En lugar de dudar de su salvación, seguridad y certeza, el escritor destaca la severidad de alejarse del Señor. El peligro del que se habla es la disciplina, no la condenación. Pero él los alienta: "estamos persuadidos de cosas mejores" (v.9). Tal advertencia debería hacer que todos nosotros hagamos aquello con lo que él comenzó esta discusión: "continuar hacia la perfección" (v.1).

Si la salvación es una garantía, ¿por qué
Hebreos 12:14 enseña que la santidad es necesaria para ver
al Señor?

Hebreos 12:14 hace que algunos duden de su salvación y otros cuestionen si pueden guardarla.

"Seguid la paz con todos, y la santidad, sin la cual nadie verá al Señor".

¡Una vez más, examina el contexto! El escritor está hablando a los creyentes sobre el propósito y el beneficio de ser disciplinados por el Señor. "Si soportáis la disciplina, Dios os trata como a hijos; porque ¿qué hijo hay a quien el padre no disciplina?" (v.7). "Es verdad que ninguna disciplina al presente parece ser causa de gozo, sino de tristeza; pero después da fruto apacible de justicia a los que en ella han sido ejercitados" (v.11). Incluso los animó a ayudar a fortalecer a los cristianos más débiles: "Por lo cual, levantad las manos caídas y las rodillas paralizadas; [13] y haced sendas derechas para vuestros pies, para que lo cojo no se salga del camino, sino que sea sanado" (vv.12-13).

A la luz del hecho de que está hablando a los creyentes, hay dos formas de interpretar Hebreos 12:14.

Una forma de animarnos unos a otros y mantenernos espiritual-mente vibrantes es "buscando la paz con todos y la santidad, sin la cual nadie verá al Señor". A la luz del hecho de que está hablando a los creyentes, hay dos formas de interpretar Hebreos 12:14.

Una es que cuando nosotros, como creyentes, estemos en la presencia de Dios, seremos tan santos como Él es santo: "seremos semejantes a él" (1 Juan 3:2). La conciencia de eso debería hacernos querer ser tan santos como Él lo es ahora. En segundo lugar, son aquellos que tienen vidas puras y santas quienes tienen la mejor percepción y comprensión de la voluntad de Dios y la forma en que Él quiere obrar en ellos y a través de ellos. Es una idea similar a Mateo 5:8: "Bienaventurados los de limpio corazón, porque ellos verán a Dios". Los puros de corazón son aquellos que reconocen su condición de justificados ante Dios y desean ser puros en su caminar con Él.

No hay duda sobre la seguridad de su salvación. Simplemente hay un desafío para mantener sus vidas espirituales vibrantes para que no se pierdan de lo que Dios en su gracia tiene para ellos. Él quiere que "sirvan a Dios agradándole con temor y reverencia" (Hebreos 12:28).

¿No nos advierte el libro de Apocalipsis sobre el peligro de que tu nombre sea borrado del Libro de la Vida?

Dos pasajes en Apocalipsis hacen que los lectores se preocupen de que quizás la vida eterna no esté tan garantizada como insisten otros pasajes. El caso es que se explican fácilmente y dicen lo contrario. Uno es Apocalipsis 3:5 que contiene la frase "borra su nombre del Libro de la Vida".

"El que venciere será vestido de vestiduras blancas; y no borraré su nombre del libro de la vida, y confesaré su nombre delante de mi Padre, y delante de sus ángeles".

"Borrar" es una figura retórica en la que lo positivo se afirma negando lo negativo. Es una forma de decir: "Esto sucederá, y esto ciertamente no sucederá". El pasaje no dice que el nombre de un creyente será borrado del Libro de la Vida que contiene los de aquellos que son de Cristo para siempre. Es simplemente afirmar que los creyentes que son fieles serán ciertamente recompensados cuando el Señor confiese públicamente sus nombres y hable de su fidelidad. Son suyos y ciertamente sus nombres no serán borrados del Libro de la Vida.

En lugar de hacer que uno cuestione su salvación, Apocalipsis 3:5 la afirma.

Una analogía puede ayudar. Supongamos que dijera: "Cualquiera que entre en mi casa recibirá una cálida bienvenida, cenará en mi mesa y, con toda seguridad, nunca se le pedirá que se vaya". Estoy afirmando lo positivo negando lo negativo. El hecho es que a cualquiera que entre en mi casa no se le pedirá que se vaya y, con toda seguridad, a los que cenen en mi mesa.

En lugar de hacer que uno cuestione su salvación, Apocalipsis 3:5 la afirma. Ningún nombre de creyente será borrado del Libro de la Vida.

Entonces, ¿qué significa Apocalipsis 3:16 cuando dice: "Te vomitaré de mi boca"?

La primera parte de esta oración es lo que le da sentido a la frase.

"Pero por cuanto eres tibio, y no frío ni caliente, te vomitaré de mi boca".

El agua fría es refrescante y el agua caliente puede servir para una multitud de propósitos. Pero el agua tibia es desagradable.

Dios estaba usando una analogía muy vívida para enfatizar cuán desagradables eran los creyentes de Laodicea. Su énfasis estaba en su riqueza en lugar de su patética condición espiritual. Eran tan desagradables que sintió deseos de vomitarlos de su boca.

Dios estaba usando una analogía tan vívida para enfatizar cuán desagradables eran los creyentes de Laodicea.

El versículo no se refiere a su salvación, sino a cuánto se habían auto engañado espiritualmente como creyentes y cuán desagradables se habían vuelto sus vidas.

Conclusión

¡Contexto! ¡Contexto! ¡Contexto! Cuando uno estudia cuidadosamente las Escrituras, descubre que estos pasajes, ciertamente difíciles, no desplazan de ninguna manera la enseñanza bíblica de que somos salvos por la fe y estamos seguros por la fe. Examinar lo claro contra lo confuso, y examinar estos pasajes en su contexto adecuado, brinda la instrucción adecuada y necesaria en la vida cristiana. De ninguna manera fueron escritos para hacernos cuestionar nuestra salvación.

* * *

PREGUNTAS PARA REFLEXIONAR

1. ¿De qué manera el principio de que "lo claro debe interpretar lo que no está claro" es fundamental para la interpretación bíblica?

2. ¿Por qué es esencial manejar la Biblia en contexto para estar seguro de la salvación personal?

3. ¿De qué manera las Escrituras correctamente interpretadas contribuyen a la seguridad de nuestra salvación en lugar de hacernos dudar de ella?

DISTINCIONES
BÍBLICAS

CAPÍTULO ONCE

Entrar en la vida cristiana versus vivir la vida cristiana.

Una forma en que los creyentes traen confusión a sus propias vidas, especialmente con respecto a su salvación, es cuando confunden entrar en la vida cristiana con vivir la vida cristiana. Asimismo, los incrédulos también pueden malinterpretar cuando esa distinción no se aclara. Mientras que entrar en la vida cristiana es muy simple y fácil, vivir la vida cristiana a veces puede volverse muy difícil y complejo.

Primero, entramos.

Entrar en la vida cristiana es fácil porque la vida eterna es gratis. Sin embargo, aunque es gratis para nosotros, le costó todo a Dios. Tuvo que dejar que su propio Hijo tomara el castigo que merecíamos para poder tratarnos como si nunca hubiéramos pecado. 2 Corintios 5:21 nos dice: "Al que no conoció pecado, por nosotros lo hizo pecado, para que nosotros fuésemos hechos justicia de Dios en él".

Decir que la vida eterna es gratis no significa que sea barata. Simplemente significa que el precio más grande que uno podría tener que pagar, la muerte de su propio Hijo en una cruz, ya ha sido pagado. Jesucristo lo pagó cuando murió como nuestro sustituto.

La vida eterna es cualquier cosa menos barata. Le costó a Dios su propio Hijo.

Decir que la vida eterna es gratis no significa que sea barata.

Esa es una de las razones por las que es tan humillante venir a Cristo. El apóstol Pablo recordó a los corintios: "Pues mirad, hermanos, vuestra vocación, que no sois muchos sabios según la carne, ni muchos poderosos, ni muchos nobles; sino que lo necio del mundo escogió Dios, para avergonzar a los sabios; y lo débil del mundo escogió Dios, para avergonzar a lo fuerte; y lo vil del mundo y lo menospreciado escogió Dios, y lo que no es, para deshacer lo que es, a fin de que nadie se jacte en su presencia" (1 Corintios 1:26-29).

El punto de Pablo era que más personas de clase baja venían a Cristo que las de clase alta. Los poderosos y altamente educados se enorgullecían de sus logros y eso a menudo les impedía ver su necesidad y aceptar algo que no podían ganar.

Nada de lo que somos, nada de lo que hacemos y nada de lo que prometemos hacer nos hace merecedores de ese regalo. De hecho, incluso ofrecer algo de eso a Dios, en un intento por ganar nuestra salvación, es un insulto a su gracia.

Le he dicho a miles que puedo entender por qué alguien no vendría a Cristo si tuviera que limpiar su vida, ir a la iglesia por cinco años, guardar la mayoría de los Diez Mandamientos, ser bautizado, tomar los sacramentos ofrecidos por la iglesia, o prometer vivir una vida ejemplar durante un mínimo de diez años. Créame, no entiendo por qué alguien rechazaría un regalo, especialmente uno que resulta en pasar la eternidad en la presencia de Dios mismo.

Sin embargo, en realidad sé por qué. Venir a Cristo es una experiencia humillante. Nada de lo que somos o hacemos nos hace merecedores del regalo de Dios.

Además, no hay ataduras. Dios nunca agrega un "si haces esto" a su oferta: si oras como debes, si lees la Biblia como debes, si tratas a los demás como debes, etc. Si lo hiciera, no sería amor incondicional. El amor incondicional genuino no tiene ataduras. Qué podría ser más simple que uno de los versículos más conocidos de la Biblia: Juan 3:16: "Porque de tal manera amó Dios al mundo que ha dado a su Hijo unigénito, para que todo aquel que en él cree no se pierda, mas tenga vida eterna".

Dios nunca agrega un "si haces esto" a su oferta: si oras como debes, si lees la Biblia como debes, si tratas a los demás como debes, etc.

Recibimos ese regalo al confiar solo en Cristo para salvarnos. Como se ha dicho anteriormente, en ese momento estamos satisfechos con lo que satisfizo a Dios. Tiene lugar una transacción divina. Romanos 4:5 explica: "Mas al que no obra, pero cree en aquel que justifica al impío, su fe le es contada por justicia". La palabra "contada" significa que Dios toma nuestros pecados de nuestra cuenta y los coloca en la cuenta de Cristo donde fueron pagados a través de la cruz. Él toma la justicia de su Hijo y la pone en nuestra cuenta. Entonces, cuando Él nos mira, ya no ve nuestro pecado sino la perfección de su Hijo Jesús. No somos hechos justos porque no hay manera, como pecadores, de que podamos serlo. Somos declarados justos.

Esa es otra razón por la que no podemos perder nuestra salvación. Dios tendría que "deshacer" una transacción divina. Tendría que quitar nuestros pecados de la cuenta de Cristo y devolverlos a nosotros y tomar la justicia de su Hijo de nuestra cuenta y devolverla a Cristo. Además, si la salvación no se puede ganar con buenas obras, como dice Romanos 4:5, no se puede perder con malas obras.

¿Podría ser más sencillo entrar en la vida cristiana? Y cuanto más se reflexiona en ese hecho, más se quiere vivir para Aquel que murió por nosotros en actitud de gratitud. "Y por todos murió, para que los que viven, ya no vivan para sí, sino para aquel que murió y resucitó por ellos" (2 Corintios 5:15). El regalo más grande que uno podría recibir se recibe gratuitamente por el amor incondicional y la gracia de Dios, ¡y está disponible para cualquier persona en cualquier lugar!

Después de entrar en ella, entonces la vivimos.

Las Escrituras hacen una clara distinción entre entrar en la vida cristiana y vivirla. Se podrían citar muchos pasajes extensos. Permítanme abordar dos. Una simple lectura de estos dos pasajes haría que incluso el lector casual de las Escrituras dijera: "Él está hablando de cómo vivir la vida cristiana, no de cómo entrar en ella".

Un buen ejemplo es Colosenses 3:1-10. Se nos dice: "Si, pues, habéis resucitado con Cristo, buscad las cosas de arriba, donde está Cristo sentado a la diestra de Dios. Poned la mira en las cosas de arriba, no en las de la tierra. Porque habéis muerto, y vuestra vida está escondida con Cristo en Dios. Cuando Cristo, vuestra vida, se manifieste, entonces vosotros también seréis manifestados con él en gloria. Haced morir, pues, lo terrenal en vosotros: fornicación, impureza, pasiones desordenadas, malos deseos y avaricia, que es idolatría; cosas por las cuales la ira de Dios viene sobre los hijos de desobediencia, en las cuales vosotros también anduvisteis en otro tiempo cuando vivíais en ellas. Pero ahora dejad también vosotros todas estas cosas: ira, enojo, malicia, blasfemia, palabras deshonestas de vuestra boca. No mintáis los unos a los otros, habiéndoos despojado del viejo hombre con sus hechos, y revestido del nuevo, el cual conforme a la imagen del que lo creó se va renovando hasta el conocimiento pleno".

Las Escrituras hacen una clara distinción entre entrar en la vida cristiana y vivirla.

Ahora examinemos Efesios 4:17-32. Leemos: "Esto, pues, digo y requiero en el Señor: que ya no andéis como los otros gentiles, que andan en la vanidad de su mente, teniendo el entendimiento entenebrecido, ajenos de la vida de Dios por la ignorancia que en ellos hay, por la dureza de su corazón; los cuales, después que perdieron toda sensibilidad, se entregaron a la lascivia para cometer con avidez toda clase de impureza. Mas vosotros no habéis aprendido así a Cristo, si en verdad le habéis oído, y habéis sido por él enseñados, conforme a la verdad que está en Jesús. En cuanto a la pasada manera de vivir, despojaos del viejo hombre, que está viciado conforme a los deseos engañosos, y renovaos en el espíritu de vuestra mente, y vestíos del nuevo hombre, creado según Dios en la justicia y santidad de la verdad.

Por lo cual, desechando la mentira, hablad verdad cada uno con su prójimo; porque somos miembros los unos de los otros. Airaos, pero no pequéis; no se ponga el sol sobre vuestro enojo, ni deis lugar al diablo. El que hurtaba, no hurte más, sino trabaje, haciendo con sus manos lo que es bueno, para que tenga qué compartir con el que padece necesidad. Ninguna palabra corrompida salga de vuestra boca, sino la que sea buena para la necesaria edificación, a fin de dar gracia a los oyentes. Y no contristéis al Espíritu Santo de Dios, con el cual fuisteis sellados para el día de la redención. Quítense de vosotros toda amargura, enojo, ira, gritería y maledicencia, y toda malicia. Antes sed benignos unos con otros, misericordiosos, perdonándoos unos a otros, como Dios también os perdonó a vosotros en Cristo".

Mientras que entrar en la vida cristiana es simple y fácil, vivir la vida cristiana puede ser muy difícil y complejo. Esos pasajes dejan en claro que uno puede ser creyente y, aunque no debería, seguir siendo fornicario, tener ira descontrolada, usar lenguaje soez, mentirle a alguien o robarle a alguien. Las Escrituras incluso nos advierten que un creyente a menudo enfrentará luchas y tentaciones en las áreas de los deseos de la carne, los deseos de los ojos y la vanagloria de la vida (1 Juan 2:16).

Mientras que entrar en la vida cristiana es simple y fácil, vivir la vida cristiana puede ser muy difícil y complejo.

Los creyentes en la iglesia de Corinto eran a veces todo menos lo que los creyentes deberían ser. Pablo los reprendió por eso y en su carta a ellos a la que nos referimos como 2 Corintios les habla sobre algunas de las cosas específicas que suceden en su reunión. "Pues me temo que cuando llegue, no os halle tales como quiero, y yo sea hallado de vosotros cual no queréis; que haya entre vosotros contiendas, envidias, iras, divisiones, maledicencias, murmuraciones, soberbias, desórdenes; que cuando vuelva, me humille Dios entre vosotros, y quizá tenga que llorar por muchos de los que antes han pecado, y no se han arrepentido de la inmundicia y fornicación y lascivia que han cometido" (2 Corintios 12:20-21).

Es por eso que confundir las dos cosas, entrar en la vida cristiana y vivir la vida cristiana, puede causar confusión en la comprensión de la seguridad eterna y la certeza de la salvación.

Veámoslo desde otra dirección. Examine cinco cosas que se les dice a los cristianos que hagan.

"Oísteis que fue dicho: Amarás a tu prójimo y aborrecerás a tu enemigo. Pero yo os digo: amad a vuestros enemigos, bendecid a los que os maldicen, haced bien a los que os aborrecen, y orad por los que os ultrajan y os persiguen" (Mateo 5:43-44). ¿Qué creyente no admitiría que odiar a tu enemigo es más fácil que amarlo?

"Orad sin cesar" (1 Tesalonicenses 5:17). Aunque es un área en la que deseamos sobresalir, ¿qué cristiano, si es honesto, no admitiría que a veces lucha con su vida de oración?

"Pero recibiréis poder cuando haya venido sobre vosotros el Espíritu Santo; y me seréis testigos en Jerusalén, en toda Judea, en Samaria, y hasta lo último de la tierra" (Hechos 1:8). Se ha comprobado que relativamente pocos cristianos hablan con otros acerca de su salvación.

"Toda la Escritura es inspirada por Dios, y útil para enseñar, para redargüir, para corregir, para instruir en justicia, a fin de que el hombre de Dios sea perfecto, enteramente equipado para toda buena obra" (2 Timoteo 3:16.). Sin embargo, muchos cristianos admiten que no son tan constantes como les gustaría ser en su estudio de la Palabra para averiguar cómo deben vivir.

"Y considerémonos unos a otros para estimularnos al amor y a las buenas obras; no dejando de congregarnos, como algunos tienen por costumbre, sino exhortándonos, y tanto más, cuanto veis que aquel día se acerca" (Hebreos 10:24-25). ¡Todos conocemos a esos creyentes que son mejores para provocarnos y no para estimularnos al amor y a las buenas obras! Y como menciona el versículo 25, algunos creyentes descuidan su participación en una iglesia local.

Es obvio que vivir la vida cristiana no siempre es fácil. Esa es una de las razones por las que si nuestra seguridad eterna y la certeza de ella estuvieran basadas en nuestro desempeño, nadie podría estar seguro de que irá al cielo. Dios hará su parte, pero es posible que nosotros no hagamos la nuestra.

La razón por la que vivir la vida cristiana es difícil es que es una vida sobrenatural. Dios ni siquiera espera que la vivamos. Lo que Él nos pide que hagamos es que le dejemos vivirlo a través de nosotros. Esa es otra vez la razón por la que Pablo dijo en Gálatas 2:20: "Con Cristo estoy juntamente crucificado, y ya no vivo yo, mas vive Cristo en mí; y lo que ahora vivo en la carne, lo vivo en la fe del Hijo de Dios, el cual me amó y se entregó a sí mismo por mí".

La importancia de permanecer en Cristo.

Aquí es donde entra el libro de 1 Juan con su énfasis en permanecer. Como se mencionó anteriormente, el libro de Juan fue escrito para decirnos cómo recibir la vida eterna (Juan 20:31) y menciona la palabra "creer" 98 veces. La epístola de 1 Juan fue escrita para decirnos cómo acercarnos a aquel a quien hemos venido (1 Juan 1:3) y menciona la palabra "permanecer" 24 veces. Llegas a Cristo al creer y te acercas a Él al permanecer.

El difunto Dr. Dwight Pentecost tenía la mejor definición de permanencia que jamás haya escuchado. Explicó que un pez permanece en el agua cuando extrae del agua todo lo que necesita para nadar. Un pájaro permanece en el aire cuando extrae del aire todo lo que necesita para volar. Permanecemos en Cristo cuando obtenemos de Él todo lo que necesitamos para vivir la vida cristiana. Reconocemos que no podemos vivir la vida cristiana y le pedimos que la viva a través de nosotros. En otras palabras, es caminar en su fuerza, no en la nuestra.

Permanecemos en Cristo cuando obtenemos de Él todo lo que necesitamos para vivir la vida cristiana.

¿Cómo ayuda esto con la certeza de nuestra salvación? Porque reconocemos que 1 Juan no está escrito para darnos pruebas de si somos salvos o no, sino para explicarnos cómo permanecer en Cristo nos ayuda a vivir una vida que de otra manera no podríamos vivir. Habla de vivir la vida cristiana, no de entrar en la vida cristiana.

Por ejemplo, lea cuidadosamente 1 Juan 2:3-6: "Y en esto sabemos que nosotros le conocemos, si guardamos sus mandamientos. El que dice: Yo le conozco, y no guarda sus mandamientos, el tal es mentiroso, y la verdad no está en él; pero el que guarda su palabra, en este verdaderamente el amor de Dios se ha perfeccionado; por esto sabemos que estamos en él. El que dice que permanece en él, debe andar como él anduvo".

Decir que a menos que uno guarde los mandamientos, no es cristiano es perder el sentido del versículo. También significaría que un día somos cristianos y otro día no lo somos. ¿Qué creyente, si es honesto, diría que guarda los mandamientos todos los días? La palabra "saber" no es la misma palabra griega para "saber" usada en 1 Juan 5:13 que significa "saber absolutamente". En cambio, es la palabra "conocer" que significa "conocer por experiencia", la experiencia de caminar con Él un día a la vez. Fíjate en el énfasis: "Pero el que guarda su palabra, en este verdaderamente el amor de Dios se ha perfeccionado". Tenemos ese amor perfeccionado en nosotros a través de la permanencia. Podemos conocer a Cristo como Salvador, pero es a través de la permanencia y la experiencia de caminar con Él que podemos vivir para Cristo y guardar sus mandamientos. Si decimos que lo conocemos en el sentido de caminar con Él y no guardar sus mandamientos, no estamos diciendo la verdad. Entrar en la vida cristiana y vivir la vida cristiana son dos cosas diferentes.

Sigue leyendo. Tres versículos más adelante se nos dice: "El que dice que está en la luz, y aborrece a su hermano, está todavía en tinieblas. El que ama a su hermano, permanece en la luz, y en él no hay tropiezo. Pero el que aborrece a su hermano está en tinieblas, y anda en tinieblas, y no sabe a dónde va, porque las tinieblas le han cegado los ojos"(vv.9-11).

Juan no anima a nadie a dudar de su salvación si no ama a su hermano. El hecho de que esté hablando de amar a un "hermano" afirma que está hablando a los creyentes. Él está diciendo que solo cuando permanecemos en Cristo podemos caminar en la luz en lugar de la oscuridad, evitar tropezar como creyentes y amar a nuestro hermano como debemos. No *entras* en la vida cristiana amando a tu hermano, pero una vez que has entrado en la vida cristiana, la *vives* amando a tu hermano. Si nos hemos convertido en cristianos y no amamos a nuestro hermano, no permanecemos en él.

Ese entendimiento de 1 Juan es lo que le da tal significado a dos versículos en el tercer capítulo de 1 Juan. En lugar de alentarnos a dudar de nuestra salvación o buscar pruebas de que somos cristiano, apunta al poder de permanecer. 1 Juan 3:5-6 dice: "Y sabéis que él apareció para quitar nuestros pecados, y no hay pecado. En él. Todo aquel que permanece en él, no peca; todo aquel que peca, no le ha visto ni le ha conocido". Debido a que todos los creyentes pecan, algunos para tranquilizar su conciencia insertan las palabras: "El que permanece en él, *no permanece en el pecado*", palabras que no están en el idioma original. Entonces, ¿cómo podría uno saber que es salvo? ¿Cuánto tiempo es "permanecer"? ¿Un mes? ¿Un año? ¿Cinco años? ¿Diez años? ¿Qué tipo de pecado? ¿Está bien el robo, pero no el adulterio? Imagina la incertidumbre de la salvación personal y la confusión cuando 1 Juan 5:13 dice que debemos saber absolutamente que somos salvos.

En cambio, todo lo que dice 1 Juan 3:5-6 es que el pecado nunca es el resultado de una experiencia permanente. Cada vez que pecamos, ya sea por un segundo, un minuto, una hora o un día, es porque no permanecimos en Cristo. Una vez escuché al difunto Dr. Dwight Pentecost preguntar: "Si alguien permaneciera en Cristo el 100% del tiempo, ¿pecaría alguna vez?" Él respondió correctamente: "¡No!" Cuando pecamos significa que en ese segundo o momento no lo hemos visto o conocido en el sentido de permanecer. Una vez más, está hablando de vivir la vida cristiana, no de entrar en ella.

La diferencia entre creer en Cristo y permanecer en Él se ve claramente en Juan 8:30-32, uno de los pocos pasajes del evangelio de Juan que habla de permanecer: "Hablando él estas cosas, muchos creyeron en él. Dijo entonces Jesús a los judíos que habían creído en él: Si vosotros permaneciereis en mi palabra, seréis verdaderamente mis discípulos; y conoceréis la verdad, y la verdad os hará libres". Una cosa que marca a un discípulo, un tema que discutiremos a continuación, es el deseo de permanecer en Él y aprender más de sus verdades que cambian la vida. Permanecer en Cristo es lo que ayuda al discípulo a vivir la vida que Dios quiere que viva.

Conclusión

El manejo preciso de las Escrituras significa que sea cual sea el pasaje que leamos, debemos preguntarnos: "¿Se trata de entrar en la vida cristiana o de vivirla?" Las Escrituras no confunden las dos preguntas y nosotros tampoco debemos hacerlo. Confundirlas no solo es cometer uno de los mayores errores en el manejo de las Escrituras, sino que también puede hacer que uno no comprenda bien la simplicidad de la salvación o erosione la seguridad de esta.

● ● ●

PREGUNTAS PARA REFLEXIONAR

1. Diga en una frase por qué es fácil entrar en la vida cristiana mientras que vivirla puede ser difícil.

2. ¿De cuántas maneras en el Nuevo Testamento se les advirtió a los creyentes que no volvieran a caer en el comportamiento que los caracterizaba como incrédulos?

3. ¿Cómo definirías en una oración: "permanecer en Cristo"?

4. Cuando piensas en áreas en las que podrías fallar en tu caminar cristiano, ¿cómo te ayuda "permanecer en Cristo"?

CAPÍTULO DOCE

Salvación Versus Discipulado

Así como muchos confunden entrar en la vida cristiana con vivir la vida cristiana, también confunden la salvación y el discipulado. Al hacerlo, algunos malinterpretan los términos de la salvación, otros no logran avanzar más allá de su conversión inicial y otros se confunden y no tienen la certeza de que realmente conocen al Señor.

La vida eterna es gratis.

Como se ha enfatizado repetidamente, la vida eterna es un regalo.

Cuando Cristo le habló a la mujer samaritana en Juan 4, le dijo: "Si conocieras el don de Dios, y quién es el que te dice: Dame de beber; tú le pedirías, y él te daría agua viva" (v.10). Romanos 6:23 dice claramente: "Porque la paga del pecado es muerte, mas la dádiva de Dios es vida eterna en Cristo Jesús Señor nuestro". El último capítulo del libro de Apocalipsis contiene estas emocionantes palabras: "Y el Espíritu y la Esposa dicen: Ven. Y el que oye, diga: Ven. Y el que tiene sed, venga, y el que quiera, tome del agua de la vida gratuitamente" (Apocalipsis 22:17).

La vida eterna es gratuita para nosotros porque Cristo pagó el precio. Esa Buena Nueva se define en 1 Corintios 15:3-5 como que "Cristo murió por nuestros pecados y resucitó de los muertos".

Dado que el precio de nuestros pecados fue pagado a través de su muerte y resurrección, Dios ahora puede extender la vida eterna como un regalo gratuito a todos los que la reciban. ¡Quien quiera puede venir! Y a los que lo hacen, Cristo prometió: "Yo soy la resurrección y la vida; el que cree en mí, aunque esté muerto, vivirá. Y todo el que vive y cree en mí, no morirá eternamente" (Juan 11:25-26).

La vida eterna es gratuita para nosotros porque Cristo pagó el precio.

El discipulado implica un costo.

Un discípulo es un aprendiz. La palabra griega *mathetes* significa aprendiz, alguien que sigue las enseñanzas de otro. Por lo tanto, un discípulo en el Nuevo Testamento es alguien que, habiendo venido a Cristo, quiere seguirlo y aprender más acerca de Él. ¿Cómo sabemos que ser cristiano y ser discípulo son dos cosas diferentes?

Por lo tanto, un discípulo en el Nuevo Testamento es alguien que, habiendo venido a Cristo, quiere seguirlo y aprender más acerca de Él.

La respuesta se puede reducir a una frase. A lo largo del Nuevo Testamento, mientras que la salvación es gratuita, el discipulado implica un costo. Tanto es así, que Cristo se preocupó por aquellos que se entusiasmaron con la idea y no consideraron primero el costo. Antes de definir el discipulado, se nos dice en Lucas 14:25: "Grandes multitudes iban con él; y volviéndose les dijo". "Volviéndose" tiene la idea de voltear bruscamente. Es como si Él estuviera diciendo: "¡Espera un minuto! ¡No te emociones demasiado! Déjame explicarte algo. Antes de comprometerte a ser mi discípulo, primero considera el costo". Luego explicó el costo de ser un discípulo.

¿Cuáles son esos costos?

Si alguno viene a mí, y no aborrece a su padre, y madre, y mujer, e hijos, y hermanos, y hermanas, y aun también su propia vida, no puede ser mi discípulo. Y el que no lleva su cruz y viene en pos de mí, no puede ser mi discípulo" (Lucas 14:26-27).

Seguir a Cristo cuesta de tres maneras

Primero, la lealtad a Cristo debe tener prioridad sobre cualquier otro lazo terrenal. Mira cuán específico y descriptivo es Cristo. "Si alguno viene a mí y no aborrece a su padre y a su madre, a su mujer e hijos, y hermanos, y hermanas, y aun también su propia vida, no puede ser mi discípulo". "Odiar" no quiere decir realmente aborrecer a los de nuestra familia. Está haciendo una comparación. Su punto es, que nuestra lealtad a Cristo tiene que ser tan firme, que rechacemos radicalmente la lealtad a cualquier otra cosa. La lealtad a Él debe tener prioridad sobre cualquier otro lazo terrenal. No debe haber nadie que solicite tanta devoción de ti como Él lo hace. Él es el primero en tu vida, todos los demás están en segundo lugar.

Segundo, Jesucristo debe tener la propiedad de tu vida. Fíjate que Él agrega: "y también su propia vida". Eso significa que en lugar de que tú decidas qué quieres hacer con tu vida, Él decide. Debes estar dispuesto a "firmar tu nombre en la parte inferior de una hoja de papel" y dejar que Él lo complete. Tú eres el dirigido, Él es el director. Renuncias al control de tu vida y la pones en sus manos para que haga con ella lo que a Él le plazca. Es una actitud del corazón que no dice: "Hágase mi voluntad", sino "Hágase la tuya". Es por eso que uno debe venir a Cristo reconociendo que Él es el

Señor Dios Todopoderoso, pero hacerlo "Señor" en términos de dejar que Él controle nuestras vidas es parte del discipulado y el crecimiento espiritual, no la salvación. Incluso hay áreas de nuestras vidas en las que no reconocemos que le estamos dando el control hasta que lo seguimos y aprendemos más acerca de Él.

El tercer costo puede ser el mayor de todos. Debes estar dispuesto a sufrir humillaciones, penalidades e incluso la muerte por su causa. Sus palabras fueron: "Y el que no lleva su cruz y viene en pos de mí, no puede ser mi discípulo". La expresión: "llevar su cruz", no necesitaba explicación para sus oyentes. Era el lugar donde crucificaban a cualquiera que se opusiera a la voluntad de Roma y a los que consideraban los peores criminales, un lugar de humillación y muerte. Su punto fue que debes estar dispuesto a aceptar cualquier persecución que recibas y ser plenamente consciente de que puedes ser llamado a sufrir la muerte por su causa, como muchos lo han hecho.

Inmediatamente podemos ver la diferencia entre convertirse en cristiano y ser un discípulo en crecimiento. Uno puede ser un cristiano secreto en el sentido de que puede confiar sinceramente en Cristo en la privacidad de su hogar y dudar en decírselo a alguien. Como se mencionó anteriormente, tienes un ejemplo de eso en Juan 12:42: "Con todo eso, aun de los gobernantes, muchos creyeron en él; pero a causa de los fariseos no lo confesaban, para no ser expulsados de la sinagoga". Pero es difícil desear ser un discípulo y mantener un secreto al respecto. El secreto impactará al discipulado, o el discipulado impactará al secreto.

El secreto impactará al discipulado, o el discipulado impactará al secreto.

También es posible comprometerse a ser un discípulo un día, mes o año, y retirarse del compromiso por cualquier número de razones en el futuro. Un ejemplo de eso es Demas a quien Pablo menciona en 2 Timoteo 4:10: "Porque Demas me ha desamparado, amando este mundo, y se ha ido a Tesalónica. Crescente fue a Galacia, y Tito a Dalmacia". Demas era un colaborador de confianza de Pablo como se ve en Colosenses 4:14 y Filemón 24. Aparentemente, estaba tan emocionado de ser un discípulo que quería vivir con Pablo y morir con él. Pero cuando llegó a Roma y vio el contraste entre la prisión que Pablo y Epafras soportaron y el mundo exterior, todo cambió. Vio las hermosas casas de los ricos y el glamour que ofrecía la sociedad. Eso se volvió mucho más atractivo para él que seguir el camino de ser un discípulo en crecimiento.

Ahí es donde Mateo 10:27-33 se vuelve tan significativo: "Lo que os digo en tinieblas, decidlo en la luz; y lo que oís al oído, proclamadlo desde las azoteas. Y no temáis a los que matan el cuerpo, mas el alma no pueden matar; temed más bien a aquel que puede destruir el alma y el cuerpo en el infierno. ¿No se venden dos pajarillos por un cuarto? Con todo, ni uno de ellos cae a tierra sin vuestro Padre. Pues aun vuestros cabellos están todos contados. Así que, no temáis; más valéis vosotros que muchos pajarillos. A cualquiera, pues, que me confiese delante de los hombres, yo también le confesaré delante de mi Padre que está en los cielos. Y a cualquiera que me niegue delante de los hombres, yo también le negaré delante de mi Padre que está en los cielos".

Cristo no está hablando de negar que uno es creyente. El contexto es el discipulado. Tres versículos antes les dijo: "El discípulo no es más que su maestro, ni el siervo más que su señor" (v.24). Está hablando de negar que uno haya sido un discípulo fiel. Esa es la misma idea expresada en Lucas 9:26: "Porque el que se avergonzare de mí y de mis palabras, de este se avergonzará el Hijo del hombre cuando venga en su gloria, y en la del Padre, y de los santos ángeles". El contexto es claramente discipulado. Tres versículos antes tienes el mismo pensamiento expresado en Lucas 14:26-27. Lucas 9:23 dice: "Y decía a todos: Si alguno quiere venir en pos de mí, niéguese a sí mismo, tome su cruz cada día, y sígame".

Muchos le dan un giro al hermoso mensaje del evangelio. No somos salvos por nuestra entrega a Dios sino por la entrega de Cristo al Padre (Juan 10:18). Somos salvos cuando, como pecadores, reconocemos que Cristo murió por nosotros y resucitó, y confiamos solo en Cristo para salvarnos (Juan 6: 47). La entrega de nuestras vidas a Él para que nos use como Él quiera es entonces parte del discipulado y el crecimiento.

Recibir la vida eterna es una decisión de una vez por todas mediante la cual uno se apropia por fe de lo que Cristo hizo por nosotros. E incluso si esa persona, después de convertirse en creyente, le diera la espalda a Dios, Dios no le dará la espalda a él: "Porque irrevocables son los dones y el llamamiento de Dios" (Romanos 11:29). Sin embargo, crecer como discípulo implica decisiones diarias en las que estoy dispuesto a asumir los costos de ser un discípulo. Esos costos pueden venir de muchas maneras: acusaciones falsas, humillación, falta de promoción, amigos que nos evitan, familiares que están molestos con nuestro compromiso de seguir a Cristo, pérdida de finanzas debido a prioridades que no están relacionadas con el dinero, aquellos que nos excluyen en lugar de incluirnos en las reuniones sociales, o incluso el martirio por la causa de Cristo.

Es por eso que cuando uno lee los cuatro evangelios, tiene que responder la pregunta sobre pasajes particulares: ¿Se trata de convertirse en cristiano o de convertirse en un discípulo comprometido? No reconocer esa distinción podría hacer que uno cuestionara innecesariamente su salvación o careciera de la certeza de ella. Juan es el único libro escrito para decirnos cómo recibir la vida eterna (Juan 20:31). Mateo, Marcos y Lucas, por otro lado, aunque contienen pasajes que hablan de nuestra salvación eterna, fueron escritos en gran parte para hablar sobre el discipulado. Por eso hablan de vivir la vida con mentalidad de Reino, ser sal de la tierra y luz y testimonio para el mundo, servir a Dios en lugar del dinero, perdonar a los demás como Dios nos perdonó, ser fiel en el matrimonio, en el manejo del tiempo, del dinero y de los talentos, prepararse para la segunda venida de Cristo, crecer en la fe, tener buenas acciones y actitudes hacia la familia de Dios, perseverar a medida que nos acercamos a los eventos del tiempo del fin, orar y obedecer, ir por todo el mundo con el evangelio, y una gran cantidad de otros temas, todos los cuales se relacionan con ser un aprendiz y un seguidor comprometido de Cristo.

Siempre debemos preguntar: ¿Este pasaje habla de cómo venir a Cristo o de cómo seguir a Cristo como su discípulo en crecimiento?

Lo mismo ocurre con otros pasajes del Nuevo Testamento. El tema que se aborda no es venir a Cristo sino seguirlo y ser obediente a Él como discípulo. Siempre debemos preguntar: ¿Este pasaje habla de cómo venir a Cristo o de cómo seguir a Cristo como su discípulo en crecimiento?

Deberíamos preguntar: "¿Qué es lo primero que Cristo enseñó a sus discípulos?" Lo que fue primero con Él debe ser primero con nosotros. Mateo 4:18-19 contiene la respuesta: evangelización. "Andando Jesús junto al mar de Galilea, vio a dos hermanos, Simón, llamado Pedro, y Andrés su hermano, que echaban la red en el mar; porque eran pescadores. Y les dijo: Venid en pos de mí, y os haré pescadores de hombres". Quería convertirlos de pescadores de peces en pescadores de hombres.

Usar ese pasaje para decir que a menos que uno evangelice, no es cristiano, es manejar mal las Escrituras. En ninguna parte la Biblia dice eso. Cristo está hablando a aquellos a quienes ha llamado como discípulos y que aceptaron tal invitación. Uno puede ser cristiano y no hablar con otra persona acerca de su necesidad del Salvador. Lamentablemente, muchos cristianos actúan así. Pero uno no puede ser discípulo sin estar involucrado de alguna manera en alcanzar a otros para Cristo. La evangelización es un asunto de discipulado, no de salvación.

Las diferencias.

Con lo anterior en mente, ten en cuenta las siguientes distinciones entre ser cristiano y ser un discípulo en crecimiento:

La vida eterna es gratis; el discipulado implica un costo.

Al invitar a las personas a la vida eterna, Cristo en esencia dice: "El que quiera, que venga". Al invitar a las personas a ser discípulos, Cristo en esencia dice: "Detente y considera el costo".

Recibir la vida eterna es incondicional; cualquier pecador en cualquier lugar puede ser salvo. El discipulado es condicional, solo está disponible para aquellos que están dispuestos a asumir los costos.

Recibir la vida eterna es una decisión de una vez por todas de confiar en Cristo como Salvador; el discipulado involucra decisiones diarias para seguirlo.

El don de la vida eterna nunca puede ser revocado. Incluso si le damos la espalda a Cristo, Él no nos da la espalda a nosotros. La decisión de seguir a Cristo puede ser revocada.

La vida eterna se enfoca en la salvación; el discipulado se enfoca en la rendición.

La vida eterna se enfoca en lo que Cristo ha hecho por ti en el pasado; el discipulado se enfoca en lo que puedes hacer por Él en el presente y en el futuro.

La conclusión

La conclusión es que todos los cristianos deben ser discípulos comprometidos; pero no todos lo son. La razón es que mientras que la vida eterna es gratis, crecer en el discipulado implica costos que deben ser considerados antes de hacer tal compromiso. Confundir los dos es confundir el mensaje detrás del evangelio con el mensaje detrás del discipulado.

La conclusión es que todos los cristianos deben ser discípulos comprometidos; pero no todos lo son.

Uno puede venir a Cristo y no entregarle su vida. Eso es un tremendo error porque nadie sabe mejor que Cristo cómo hacer que nuestras vidas cuenten. Al mismo tiempo, Dios nunca extendió su regalo sobre la base de lo que esa persona haría por Él, sino sobre la base de lo que Dios ya ha hecho por esa persona. Esa es una de las razones por las que se llama el evangelio de la gracia: un favor que no merecemos.

Conclusión

La vida eterna no podría ser más gratuita. El discipulado, a veces, no podría ser más costoso. La vida eterna solo se puede recibir si uno está dispuesto a aceptarla como Dios la llama: un regalo. No se puede entrar en el discipulado a menos que primero se consideren los costos.

●   ●   ●

PREGUNTAS PARA REFLEXIONAR

1. ¿Cómo explicaría en una oración la diferencia entre la salvación y el discipulado?

2. Por qué es esencial comprender la diferencia entre ser cristiano y convertirse en discípulo para tener la certeza de la salvación?

3. ¿Cuáles son las formas en que ser un discípulo podría tener un costo personal para usted?

CONSIDERACIONES FINALES

CAPÍTULO TRECE

Si la salvación está garantizada, ¿por qué "entregarse" a Cristo?

Una verdad simple que se enseña a lo largo de las Escrituras es que lo que estábamos haciendo antes de ser salvos, no tiene ninguna importancia. Dios salva a cualquier pecador, en cualquier lugar sea cual sea su circunstancia. El testimonio de Pablo es prueba de ello. En esencia, dijo: "Dios me salvó para probar que Él puede salvar a cualquiera". Él escribió: "Palabra fiel y digna de ser recibida por todos: que Cristo Jesús vino al mundo para salvar a los pecadores, de los cuales yo soy el primero. Pero por esto fui recibido a misericordia, para que Jesucristo mostrase en mí el primero toda su clemencia, para ejemplo de los que habrían de creer en él para vida eterna" (1 Timoteo 1:15-16).

La Biblia enseña claramente que nada de lo que hacíamos antes de ser salvos tiene importancia. Pero también enseña que lo que hemos estado haciendo desde que fuimos salvos es sumamente importante. Pablo le dijo a Tito: "Palabra fiel es esta, y en estas cosas quiero que insistas con firmeza, para que los que creen en Dios procuren ocuparse en buenas obras. Estas cosas son buenas y útiles a los hombres" (Tito 3:8).

Pero (la Biblia) también enseña que lo que hemos estado haciendo desde que fuimos salvos es sumamente importante.

¿Por qué es tan importante lo que hemos estado haciendo desde entonces? Si nuestra salvación está garantizada, ¿qué diferencia hace nuestra manera de vivir, si ciertamente nos vamos al cielo? Dicho de otra manera, si nuestra salvación está garantizada, ¿por qué "entregarse" a Cristo? ¿De qué manera el hacer buenas obras son "buenas y útiles a los hombres"?

En ninguna parte de las Escrituras se enseña la idea de que: "Porque si no lo haces, entonces realmente no eres salvo", Tal afirmación quitaría cualquier seguridad de la vida eterna. Algunos días nuestro desempeño como creyentes puede ser bueno, pero puede haber otros en que no sea así. Como se ha enfatizado repetidamente, somos salvos sobre la base de lo que Él ya ha hecho por nosotros, no de lo que prometemos hacer por Él.

Hay múltiples razones.

Una de las razones por las que debemos vivir para Él es el simple hecho de que Él murió por nosotros. 2 Corintios 5:15 nos dice: "Y por todos murió, para que los que viven, ya no vivan para sí, sino para aquel que murió y resucitó por ellos". Qué mejor respuesta podemos dar a la cruz que: "Aquí está mi vida, la viviré por ti".

Otra razón es, que así como Él es santo, la santidad también debe ser nuestra meta. 1 Pedro 1:15-16 nos dice: "Pero como aquel que os llamó es santo, sed también vosotros santos en toda vuestra conducta, porque está escrito: "Sed sino, como aquel que os llamó es santo, sed también vosotros santos en toda vuestra manera de vivir; porque escrito está: Sed santos, porque yo soy santo". Pablo amonestó a sus lectores de la misma manera cuando dijo: "…así como para iniquidad presentasteis vuestros miembros para servir a la inmundicia y a la iniquidad, así ahora para santificación presentad vuestros miembros para servir a la justicia" (Romanos 6:19). Nuestro carácter debe reflejar el suyo.

Una vida vivida para Él es nuestra manera de decir "gracias". ¿Qué mejor manera hay de reflejar una actitud de gratitud por lo que Él ha hecho por nosotros? Romanos 12:1 lo expresa bien: "Así que, hermanos, os ruego por las misericordias de Dios, que presentéis vuestros cuerpos en sacrificio vivo, santo, agradable a Dios, que es vuestro culto racional".

Una vida vivida para Él también debe reflejar nuestra confianza en que Él puede regresar en cualquier momento. En otras palabras, no miramos simplemente hacia atrás a la cruz, sino que esperamos su regreso. Tomamos en serio las palabras de 1 Juan 2:28: "Y ahora, hijitos, permaneced en él, para que cuando se manifieste, tengamos confianza, para que en su venida no nos alejemos de él avergonzados".

Debe ser notoria la forma en que glorificamos a Dios ante los hombres. Cristo nos amonesta en Mateo 5:16: "Así alumbre vuestra luz delante de los hombres, para que vean vuestras buenas obras, y glorifiquen a vuestro Padre que está en los cielos".

Pero hay otra razón.

Las Escrituras dan otra razón para "entregarse" a Cristo, y es la que nos enseña acerca de las recompensas. Aunque es importante en la doctrina bíblica, no se habla lo suficiente de ella en nuestras iglesias.

El último capítulo de la Biblia dice: "Y he aquí, vengo pronto, y mi galardón conmigo, para recompensar a cada uno según su obra" (Apocalipsis 22:12). Una comprensión adecuada de la salvación frente a las recompensas muestra el amor y la justicia de Dios. Él es amoroso y todo el que quiera puede venir a Él. Pero Él también es justo en cuanto a que aquellos que viven para Él sean abundantemente recompensados.

En pocas palabras, todas las personas salvas van al cielo, pero no todas las personas salvas son recompensadas de la misma manera. Pablo aludió a eso en un pasaje mencionado anteriormente cuando dijo: "¿No sabéis que los que corren en el estadio, todos a la verdad corren, pero uno solo se lleva el premio? Corred de tal manera que lo obtengáis. Todo aquel que lucha, de todo se abstiene; ellos, a la verdad, para recibir una corona corruptible, pero nosotros una incorruptible" (1 Corintios 9:24-25). Esa es otra razón por la que aunque no importa lo que estabas haciendo antes de ser salvo, no podría importar más lo que has estado haciendo desde entonces. Pablo incluso advirtió a la gente de Colosas sobre el peligro de ser estafados de su recompensa por aquellos que deseaban inducirlos a la falsa doctrina (Colosenses 2:18).

En pocas palabras, todas las personas salvas van al cielo, pero no todas las personas salvas son recompensadas de la misma manera.

Eso es lo que hace que nuestro tiempo en la tierra sea tan crítico. Solo tenemos una oportunidad de ganar esas recompensas. Esta no es una prueba; eso es todo. Cuando Cristo regrese, será un día de regocijo para aquellos que confiaron en Él y vivieron para Él. Aquellos que han sido salvados por su gracia y que no han vivido para Él, estarán tan encantados de ver al Salvador cara a cara como aquellos que sí lo han hecho. Pero, los primeros, desearán más que nunca haber vivido sus vidas para Él. Se acerca un momento en que será demasiado tarde para cambiar. Es por eso que Apocalipsis 22:10 dice: "porque el tiempo está cerca", y sigue con: "El que es injusto, sea injusto todavía; y el que es inmundo, sea inmundo todavía; el que es justo, practique la justicia todavía; y el que es santo, santifíquese todavía". Ignorar las advertencias de las Escrituras tendrá consecuencias permanentes. No hay una "segunda vida" para vivir.

Cuando miremos su rostro, todos desearemos haber hecho aún más por el Salvador. Sin embargo, habrá creyentes que cuando estén delante del Señor, aunque sean salvos por gracia y suyos para siempre, se arrepentirán de no haber vivido para Él, puesto que ya no tienen la oportunidad de vivir sus vidas de nuevo. Un creyente que se presenta ante el Señor sin haber vivido para Él, gana y pierde. Gana, por el hecho de que estará para siempre en el cielo, gracias a la gracia de Dios. Pierde, pues se dará cuenta de lo que podría haber hecho para vivir su vida para Él y no lo hizo, y ya no tiene oportunidad de hacerlo. Estará agradecido de estar con el Señor, pero lamentará no haber tomado más en serio la vida en el Reino.

Un creyente que se presenta ante el Señor sin haber vivido para Él, gana y pierde.

Habrá otros que estarán encantados de haber hecho que sus vidas cuenten, ya que serán abundantemente recompensados.

Hay algunos creyentes que dicen: "No me importa que no me recompensen. Estar en el cielo será suficiente". Tal persona no ha tomado en cuenta seriamente lo que dice en 2 Corintios 5:9-11: "Por tanto procuramos también, o ausentes o presentes, serle agradables. Porque es necesario que todos nosotros comparezcamos ante el tribunal de Cristo, para que cada uno reciba según lo que haya hecho mientras estaba en el cuerpo, sea bueno o sea malo. Conociendo, pues, el temor del Señor, persuadimos a los hombres; pero a Dios le es manifiesto lo que somos; y espero que también lo sea a vuestras conciencias".

Eso es algo fácil de decir, pero lo que pase con esa persona cuando realmente mire a los ojos amorosos de aquel que murió por él, es impredecible. La manera en que hemos vivido, importará más aún de lo que ha importado antes. El "temor del Señor" no es una referencia al infierno. En cambio, se refiere a estar de pie ante un Dios santo, asombroso y omnisciente que sabe todo lo que hemos hecho expuesto y evaluado. Para el apóstol Pablo, este fue un motivo poderoso para tener un ministerio sincero y eficaz. Quería agradarle no solo porque estaría con Él (v.8), sino sabiendo que Él, el que murió por Él, estaría evaluando su obra.

¿La posibilidad de ser recompensado es un motivo adecuado?

Algunos creyentes se preguntan: "¿Es un motivo apropiado querer ser recompensado?". La siguiente respuesta es definitivamente válida cuando la pregunta se hace con la intención correcta. Reconocemos que no merecemos nada bueno que venga de su mano. Al mismo tiempo, queremos vivir para Él de tal manera que cuando lo veamos cara a cara, lo oigamos decir: "Bien, buen siervo y fiel". (Mateo 25:23). ¿Cómo podríamos honrar mejor a aquel que murió por nosotros?

Imagínate que eres enviado a una tarea en particular por un supervisor que respetas, admiras y quieres mucho. Al completar esa tarea, ¿qué significaría más viniendo de una persona de su estatura en tu vida que escucharlo decir: "Bien hecho, buen y fiel servidor"? Es la anticipación que Pablo debe haber sentido cuando llegó al final de su vida y dijo: "He peleado la buena batalla, he acabado la carrera, he guardado la fe. Por lo demás, me está guardada la corona de justicia, la cual me dará el Señor, juez justo, en aquel día; y no sólo a mí, sino también a todos los que aman su venida" (2 Timoteo 4:7-8).

Las recompensas son abordadas fuertemente en las Escrituras.

Hay ocasiones en las que las Escrituras mencionan la vida eterna como una recompensa, aunque no se puede ganar. A Dios le agradará que estemos con Él para siempre. "Respondió Jesús y dijo: De cierto os digo que no hay ninguno que haya dejado casa, o hermanos, o hermanas, o padre, o madre, o mujer, o hijos, o tierras, por causa de mí y del evangelio, que no reciba cien veces más ahora en este tiempo; casas, hermanos, hermanas, madres, hijos, y tierras, con persecuciones; y en el siglo venidero la vida eterna (Marcos 10:29-30)". ¿Qué mejor recompensa para alguien que ha experimentado persecución, que pasar la eternidad en la presencia de Dios para siempre, basado en su confianza en Cristo como Salvador?

Esa es una de las razones por las que la Biblia también menciona el concepto de "coronas", como las de los atletas que reciben coronas por ganar su competencia. Diferentes coronas a las que se hace referencia como: una corona de regocijo por llevar a otros al Salvador (1Tesalonicenses 2:19), una corona de justicia para los que aman su venida (2 Timoteo 4:8) y una corona de vida para el sufrimiento. a través de pruebas (Santiago 1:12). Todas ellas apuntan a una recompensa.

Ningún párrafo de la Biblia se refiere más a la enseñanza bíblica de las recompensas que 1 Corintios 3:11-15: "Porque nadie puede poner otro fundamento que el que está puesto, el cual es

Jesucristo. Y si sobre este fundamento alguno edificare oro, plata, piedras preciosas, madera, heno, hojarasca, la obra de cada uno se hará manifiesta; porque el día la declarará, pues por el fuego será revelada; y la obra de cada uno cuál sea, el fuego la probará. Si permaneciere la obra de alguno que sobreedificó, recibirá recompensa. Si la obra de alguno se quemare, él sufrirá pérdida, si bien él mismo será salvo, aunque así como por fuego".

Algunas obras son dignas de recompensa, y otras no. Dado que el fuego se usó en el Nuevo Testamento para probar la calidad de los metales, esta es una analogía muy adecuada. El oro, la plata y las piedras preciosas representan aquello que es duradero y digno de recompensa. La madera, el heno y la paja representan aquello que no es duradero ni digno de recompensa. La diferencia puede estar en lo que se hizo o en la actitud con la que se hizo. Dios determinará lo que es digno de recompensa y lo que no es. Debe tenerse en cuenta que la recompensa se pierde, la salvación no. Las Escrituras declaran claramente: "Él mismo será salvo, aunque así como por fuego". El examen resulta en la pérdida de la recompensa, no en la pérdida de la salvación.

No sabemos mucho acerca de cuáles serán esas recompensas, pero parece tener algo que ver con reinar con Cristo en la eternidad.

No solo Juan en Apocalipsis habló de recompensa y Pablo en 1 Corintios, sino que Pedro también lo hizo. A los que perseveran en medio de las pruebas les dijo: "Para que sometida a prueba vuestra fe, mucho más preciosa que el oro, el cual aunque perecedero se prueba con fuego, sea hallada en alabanza, gloria y honra cuando sea manifestado Jesucristo" (1 Pedro 1:7).

No sabemos mucho acerca de cuáles serán esas recompensas, pero parece tener algo que ver con reinar con Cristo en la eternidad. Apocalipsis 2:26 nos dice: "Al que venciere y guardare mis obras hasta el fin, yo le daré autoridad sobre las naciones". El punto es que seremos recompensados. ¿Quién mejor para otorgar esas recompensas que un Dios omnisciente de gracia y verdad?

Uno bien podría preguntarse: Pero ¿qué pasa con un niño que muere a muy corta edad, o alguien joven que muere en un accidente y tuvo pocas o ninguna posibilidad de ganar una recompensa? Allí tenemos que recurrir a la pregunta que hizo Abraham en Génesis 18:25: "El juez de toda la tierra, ¿no ha de hacer lo que es justo?". Tenga la seguridad de que Él lo hará. Podemos descansar en el hecho de que todo eso está en manos de un Dios amoroso y soberano. Es demasiado amoroso para hacer el mal y demasiado sabio para cometer un error.

Un pasaje que a menudo se pasa por alto y que une tres ideas es 1 Timoteo 2:11-13: "Palabra fiel es esta: si somos muertos con él, también viviremos con él; s sufrimos, también reinaremos con él; si le negáremos, él también nos negará. Si fuéremos infieles, él permanece fiel; él no puede negarse a sí mismo".

Las tres ideas que se encuentran allí son: Primero, hay una recompensa por seguir a Cristo: "También reinaremos con él". En segundo lugar, si lo negamos, él negará que hemos sido discípulos fieles: "Si lo negáremos, él también nos negará", y por último, incluso si le damos la espalda, él no nos la dará a nosotros: "Si fuéremos infieles, él permanece fiel; él no puede negarse a sí mismo". En pocas palabras, Dios expresó la idea de que estamos para siempre seguros en Cristo. La manera en que vivamos después de ser salvos no podría ser más importante. Hay una recompensa para aquellos que se "entregan" a Cristo.

Conclusión

Todo el principio de las recompensas es la razón por la cual, para todos nosotros, la salvación debe ser el punto de partida, no el punto final en nuestras vidas. Siguiendo la advertencia de Pedro de "crecer en la gracia y el conocimiento de nuestro Señor y Salvador Jesucristo" (2 Pedro 3:18), debemos vivir una vida dedicada a Cristo. Al final habrá abundante recompensa sin remordimientos mientras disfrutamos esas recompensas y celebramos la vida con el Rey de Reyes.

●　●　●

PREGUNTAS PARA REFLEXIONAR

1. ¿Qué consecuencias le trae a un cristiano ver la salvación como el punto final en lugar del punto de partida?

2. ¿Por qué el principio de las recompensas es un motivo apropiado para vivir para Cristo?

3. ¿Cómo debería afectar el principio de la recompensa a las actividades/cosas que estás realizando en este momento? Sé específico.

EQUÍPATE & ANÍMATE

EN EVANTELLESPANOL.ORG

INSCRÍBETE EN NUESTROS CURSO
GRATUITOS VIRTUALES DE
EVANGELISMO PERSONAL

REGISTRATE PARA VER TODOS LOS CURSOS EN
EVANTELLESPANOL.ORG/START-HERE

VEA NUESTRA BIBLIOTECA DE
CAPACITACIÓN POR TEMAS

BUSCA HORAS DE
CONTENIDO QUE CUBRE LOS
TEMAS MÁS ACTUALES EN
*EVANTELLESPANOL.ORG/
VIRTUAL-EVENTS*

CONTÁCTANOS PARA LLEVAR A
CABO UN ENTRENAMIENTO EN
VIVO EN TU IGLESIA O LOCALIDAD

SÍGUENOS EN :
FACEBOOK.COM/EVANTELLENESPANOL
YOUTUBE.COM/EVANTELLENESPANOL

VISITA NUESTRA
TIENDA
PARA LIBROS,
TRATADOS Y
MAS RECURSOS

VISITE *EVANTELL-ORG.MYSHOPIFY.COM*
COLLECTIONS/SPANISH-RESOURCES PARA
VER NUESTRA COLECCIÓN COMPLETA DE
LIBROS Y RECURSOS